utb 4573

Eine Arbeitsgemeinschaft der Verlage

Böhlau Verlag · Wien · Köln · Weimar
Verlag Barbara Budrich · Opladen · Toronto
facultas · Wien
Wilhelm Fink · Paderborn
A. Francke Verlag · Tübingen
Haupt Verlag · Bern
Verlag Julius Klinkhardt · Bad Heilbrunn
Mohr Siebeck · Tübingen
Nomos Verlagsgesellschaft · Baden-Baden
Ernst Reinhardt Verlag · München · Basel
Ferdinand Schöningh · Paderborn
Eugen Ulmer Verlag · Stuttgart
UVK Verlagsgesellschaft · Konstanz, mit UVK/Lucius · München
Vandenhoeck & Ruprecht · Göttingen · Bristol
Waxmann · Münster · New York

Kompetent lehren
Herausgegeben von Sabine Brendel

Band VIII
Swantje Lahm
Schreiben in der Lehre

Swantje Lahm

Schreiben in der Lehre
Handwerkszeug für Lehrende

Verlag Barbara Budrich
Opladen & Toronto 2016

Die Autorin:
Swantje Lahm, M.A.,
wissenschaftliche Mitarbeiterin und Beraterin, Das Schreiblabor,
Lehren & Lernen (Bielefeld), Universität Bielefeld

Bibliografische Information der Deutschen Nationalbibliothek
Die Deutsche Nationalbibliothek verzeichnet diese Publikation in der Deutschen Nationalbibliografie; detaillierte bibliografische Daten sind im Internet über http://dnb.d-nb.de abrufbar.

Gedruckt auf säurefreiem und alterungsbeständigem Papier.

Alle Rechte vorbehalten.
© 2016 Verlag Barbara Budrich, Opladen & Toronto
www.budrich-verlag.de

    utb-Bandnr.   **4573**
    utb-ISBN   **978-3-8252-4573-3**

Das Werk einschließlich aller seiner Teile ist urheberrechtlich geschützt. Jede Verwertung außerhalb der engen Grenzen des Urheberrechtsgesetzes ist ohne Zustimmung des Verlages unzulässig und strafbar. Das gilt insbesondere für Vervielfältigungen, Übersetzungen, Mikroverfilmungen und die Einspeicherung und Verarbeitung in elektronischen Systemen.

Satz: Ulrike Weingärtner, Gründau – info@textakzente.de
Grafische Gestaltung der Abbildungen, Übungen und Kästen: Katharina
   Rothenpieler, Bielefeld
Umschlaggestaltung: Atelier Reichert, Stuttgart
Druck: Friedrich Pustet, Regensburg
Printed in Germany

Inhalt

Verzeichnis der Abbildungen und Übungen 7

Vorwort Reihenherausgeber 9

Spaß in der Lehre? 11

1 Fachlich lernen durch Schreiben 15

2 Schreibprozesse als Lernprozesse 21
2.1 Schreiben können – was heißt das genau? 22
2.2 Schreiben im Studium: Erfahrungen und Strategien von
 Studierenden 28
2.3 Spontan, elaboriert, komplex: Fähigkeiten,
 die das Schreiben fordert und fördert 31

3 Das Schreiben in der Lehre vorbereiten 45
3.1 Lehre, was Du tust: die eigene Schreibpraxis erkunden 45
3.2 Die Latte hochhängen: anspruchsvolle
 Schreib- und Arbeitsaufträge entwickeln 57
3.3 Den Rahmen abstecken: Lehrveranstaltungen
 vorausdenken 73

4 Vom Fragen und Zuhören 85
4.1 „Wer nicht fragt ...": wie Schreiben das
 Fragenlehren unterstützt 85
4.2 Lesen wie der Lauscher an der Wand:
 Lesen lehren durch Schreiben 92

5 Vom Denken und Sprechen 111
5.1 Informell und explorativ: Denken lehren durch
 das Schreiben in und zwischen den Sitzungen einer
 Veranstaltung 113
5.2 Gemeinsam Wissen schaffen durch Schreiben 130

6 Vom Forschen..	139
6.1 Schritt für Schritt: Forschen lehren durch Schreiben............	141
6.2 Anleitung zur Selbständigkeit: Studierende beim forschenden Schreiben begleiten	147
7 Von der Neugier und der Lust auf gute Texte	155
7.1 Ein guter Text ist kein One-Night-Stand: Überarbeitung ermöglichen	157
7.2 Benoten und dennoch neugierig bleiben.................................	168
8 Zum Abschluss: eine Einladung zum Austausch	177
Literatur...	179
Danksagung...	191

Verzeichnis der Abbildungen und Übungen

Abb. 1: Das Schreibkompetenzmodell von Anne Beaufort 25
Abb. 2: Taxonomie von Denkfähigkeiten nach Bloom 32
Abb. 3: Auszug aus einem Schreibauftrag 56
Abb. 4: Funktionen von Aufgaben nach Zeitpunkt
   des Einsatzes 64
Abb. 5: Dreieck zur integrierten Lehrveranstaltungplanung
   nach Fink... 77
Abb. 6: Die Lesehand... 98
Abb. 7: Rückmeldung auf studentische Texte 125
Abb. 8: Das Burgzinnendiagramm.. 131
Abb. 9: Beispiel für eine Schreibsequenz................................. 132
Abb. 10: Feedbackbogen für Inkshedding............................... 135
Abb. 11: Auszug aus einem Schreibauftrag 142
Abb. 12: Die vier Felder forschenden Schreibens.................... 145
Abb. 13: Zwischenprodukte im Betreuungsprozess................ 149
Abb. 14: Dreieck der inhaltlichen Planung von
   Forschungsarbeiten 151
Abb. 15: Arenen der Betreuung 153
Abb. 16: Grading Rubric for Graphics Assignments 165
Abb. 17: Schema für Rückmeldung.. 171
Abb. 18: Qualitätsbeschreibung für Essays.............................. 173

Übungen für Lehrende

Übung 1: Eine Liste mit „Expert Insider Prose" im Fach
   erstellen 17
Übung 2: Rechenaufgabe oder Schreibauftrag? 34
Übung 3: Schreibend eigene Denk- und
   Arbeitsweisen reflektieren.. 52
Übung 4: Fünf Variationen des gleichen Assignments 66
Übung 5: Textsorten in Ihrem Fach... 99
Übung 6: Perspektivenwechsel... 114

Übung 7: Denkskizze.. 115
Übung 8: Free Writing... 116
Übung 9: Clustern 116
Übung 10: Lehrveranstaltungsziele definieren mit
          „Schreiben in Variationen"... 120
Übung 11: Ein-Satz-Zusammenfassung zur Planung................. 129
Übung 12: Eine Schreibsequenz entwickeln 133
Übung 13: Schritte zur Entwicklung eines Rasters 163
Übung 14: Lesen und Benoten mit den Händen
          auf dem Rücken 169
Übung 15: Kriterien mit Bauchgefühl entwickeln..................... 172

Übungen für Studierende

Übung 1: Brief an einen Freund... 59
Übung 2: Beautiful Questions 61
Übung 3: The Economic Naturalist Writing Assignment 71
Übung 4: Analytisch über Quellen schreiben
          im Geschichtsseminar 78
Übung 5: Argumentieren wie im echten Leben 80
Übung 6: Sich im Text formal und inhaltlich korrekt
          auf andere beziehen... 82
Übung 7: Thematisierung von Textfunktionen 100
Übung 8: Die Struktur in Texten identifizieren 101
Übung 9: Passage-based focused Free Writing......................... 102
Übung 10: Pointing 103
Übung 11: Die dreifache Paraphrase.. 105
Übung 12: Das kritische Referat: eine Übung in fünf Schritten... 108
Übung 13: Schriftlicher, strukturierter Dialog mit Free Writing.. 130
Übung 14: Checkliste für ein Blitzexposé 150

Vorwort der Reihenherausgeberin

Das Fach zu lehren und zugleich das wissenschaftliche Schreiben im eigenen Fach zu vermitteln erscheint vielen Lehrenden an Hochschulen als eine große Herausforderung: Wie sollen sie angesichts von Stofffülle, engem Zeitkorsett und oftmals einer Vielzahl von Studierenden auch noch wissenschaftliches Schreiben explizit vermitteln?

Swantje Lahm zeigt, wie dies gelingen kann – ohne dass die Lehrenden wie auch die Lernenden dabei überfordert werden, sondern stattdessen Freude und Spaß am gemeinsamen Denken, Schreiben und engagiertem und lehrreichem Austausch haben. Denn die Autorin zeigt auf: Wenn die Produktion von (fach)wissenschaftlichen Texten, der Austausch von formulierten Gedanken, Fragen, Erkenntnisideen und erarbeiteten Ergebnissen als Vehikel im Lehr- und Lernprozess an der Hochschule explizit eingesetzt werden, fördert dies nicht nur das vertiefte Fachlernen der Studierenden, sondern es lässt sich auch für Diskussionen zwischen allen an der Lehre Beteiligten nutzen. Denn der Vorteil beim Schreiben ist: das Gedachte, Erkannte ist expliziert – und damit diskutier- und bearbeitbar.

Das Werk ist theoretisch, empirisch und praktisch reichhaltig. Ihre Erkenntnisse und Methoden hat die Autorin durch ihre langjährige Praxis und das konsequente Verfolgen der Didaktik des wissenschaftlichen Schreibens in den USA und Kanada gewonnen. Dort nämlich ist academic writing eine akademische Disziplin, und die Schreibforschung und die Vermittlung des wissenschaftlichen Schreibens werden seit den 70er Jahren des vergangenen Jahrhunderts vorangetrieben. Der Blick westwärts ist daher für die hiesige Schreibforschung und -praxis äußerst lohnenswert.

Wie geht die Autorin vor? Sie orientiert sich an den einzelnen Schritten der Lehre, und zwar aus der Perspektive der Lehrenden: Ausgehend von der Lehrveranstaltungsvorbereitung, in der das eigene Schreiben erkundet und als Basis für die Lehre genommen wird, über die Gestaltung der Lehre durch den Einsatz von Schreibtechniken innerhalb und zwischen den einzelnen Lektionen einer Lehrveranstaltung bis hin zur Begleitung und schließlich Bewertung und Benotung von studentischen Texten. Diese Texte sind während der Lehrveranstaltung entstanden und somit sichtbare Produkte der studentischen Lernprozesse. Swantje Lahm stellt dies theoretisch ebenso fundiert wie kenntnisreich und zugleich praxisnah dar; so ist das Buch voll zahlreicher methodischer Vorschläge, die sich – und das kommt hinzu – in der Regel unaufwändig in der eigenen Fachlehre umsetzen lassen.

Was gewinnen Lehrende durch die Lektüre dieses Buches? Sie

… erfahren, wie sich das fachliche Lehren und Lernen mit dem wissenschaftlichen und fachlichen Schreiben kreativ verbinden lässt.
… gewinnen einen profunden Einblick in die Erkenntnisse aus der Schreibforschung.
… erhalten eine Vielzahl an methodischen Anregungen.
… werden, ausgehend von den vielfältigen methodischen Angeboten, angeregt, eine eigene Idee für die Umsetzung in ihrer Lehre zu entwickeln.
… lernen eine Reihe von Anwendungsbeispielen kennen.

Der Autorin gelingt diese Mischung von fundierter Theorie und reichhaltiger Praxis aufgrund ihrer inzwischen jahrzehntelangen Erfahrung in der Vermittlung von wissenschaftlichem Schreiben und Schreibberatung an der Universität Bielefeld. In den letzten Jahren hat sich in der Fachcommunity die Idee durchgesetzt, dass das wissenschaftliche Schreiben fachintegriert vermittelt und damit zugleich fachnah erfolgen soll. Hier hat in der deutschsprachigen Hochschullandschaft die Universität Bielefeld mit ihrem Programm „Schreiben in den Fächern" und mit ihrem LitKom-Projekt eine Vorreiterrolle übernommen; Swantje Lahm ist eine der Koordinatorinnen.

Vor Ihnen liegt mit „Schreiben in der Lehre" der achte Band aus der Reihe „Kompetent lehren", das durch seinen größeren Umfang eine Ausnahme in der Reihe ist. Die Reihenherausgeberin wie der Budrich-Verlag haben sich auf Basis des profunden Werkes mit seinen vielen hilfreichen, differenzierten inhaltlichen wie praktischen Hinweisen entschieden, auf die Begrenzungen des üblichen Umfanges zu verzichten.

Dr. Sabine Brendel
Berlin, im April 2016

Spaß in der Lehre?

Die deutsche Hochschullandschaft hat sich in den letzten Jahren verändert. Dabei sind die Anforderungen an Lehrende immer weiter gestiegen: Sie müssen mehr Studierende in kürzerer Zeit durchs Studium bringen, einer heterogeneren Studierendenschaft gerecht werden, sollen Schreib-, Lese- und andere Schlüsselkompetenzen vermitteln, Studierende für den Arbeitsmarkt vorbereiten, gerecht prüfen und natürlich ganz nebenbei noch exzellente Leistungen in der Forschung erbringen.

Bei diesen vielfachen Anforderungen gerät manchmal in den Hintergrund, was Lehrende als größte Ressource mitbringen: ihr Fachwissen und die Begeisterung für ihr Fach. Das ist schließlich das, was „rüberkommen", bei Studierenden „ankommen" soll, oder? Doch was passiert in der Lehre eigentlich? Was heißt es, ein Fach zu vermitteln?

Ein Fach ist mehr als sein Inhalt, es gehören auch fachliche Denk- und Arbeitsweisen dazu. Das eine lernt man nicht ohne das andere. Ob fachliches Handeln geglückt ist, erkennt man an Texten.

Jede Fachdisziplin misst Erfolg an Texten: an Publikationen in einschlägigen Zeitschriften, Sammelbänden und Monographien. Auch bei Studierenden zeigt sich in ihren Studientexten, ob sie gelernt haben, zu denken und zu handeln wie Wissenschaftler und Wissenschaftlerinnen[1] ihrer Disziplin. Das bietet für die Lehre eine großartige Chance. Denn die Texte von Studierenden sind etwas Handfestes. Man kann sie lesen, darauf reagieren, sie im Seminar zur Diskussion stellen. Sie zeigen, ob Studierende die zentralen Konzepte verstanden haben, was sie interessiert, wo sie gedanklich stehen. Texte von Studierenden können anregen, das Interesse am Fach lebendig halten und Lehrenden Impulse für ihr eigenes Denken geben. Dieses Buch lädt ein zu entdecken, wie Schreiben unterstützen kann, ein Fach zu vermitteln und dabei zugleich Spaß zu haben. Das Wort Spaß irritiert ein wenig. Es ist nicht gerade der Begriff, mit dem

---

[1] Wo immer möglich, verwende ich im Folgenden geschlechtsneutrale Formen. Wo das nicht möglich ist, verwende ich die männliche und weibliche Form oder wechsele zwischen beiden.

Lehrende ihre Arbeit besonders häufig beschreiben. Soll Lehre Spaß machen? Oder anders gefragt: Wann haben Sie in Ihrer Lehre Spaß?

Spaß, Freude, Befriedigung, Zufriedenheit, Flow – welchen Begriff auch immer Sie bevorzugen – im Grunde geht es um Selbstwirksamkeit: Es macht Spaß, zu merken, dass das, was wir sagen und tun, bei Studierenden ankommt, dass sich dadurch etwas ändert in ihren Einstellungen, ihrer Perspektive, ihrem Wissen. Lernen ist Veränderung durch Erfahrung (Widulle 2009). Lehre, die Lernen bewirkt, macht Spaß.

Schreiben ist ein wunderbares Instrument, um wirksam zu lehren, weil es keine Kompetenz ist, die *zusätzlich* zu den Inhalten vermittelt werden muss. Es ist so sehr Teil dessen, was die professionelle Praxis eines Fachs ausmacht, dass Studierende ein Fach im Schreiben und durch Schreiben lernen können. Wenn beispielsweise eine Studentin eine Hausarbeit in der Psychologie schreibt, eignet sie sich dafür ein bestimmtes Fachwissen an. Aber sie lernt beispielsweise auch empirische Untersuchungen zu vergleichen und kritisch einzuschätzen, Fachliteratur zu paraphrasieren, einen eigenen Text zu strukturieren, psychologische Fachsprache zu verwenden u.v.m. So eröffnet das Schreiben einen Zugang zu fachlichen Denk- und Arbeitsweisen.

Aber es kann noch mehr: Schreiben sorgt für die Art von Dialog, auf den Lehrende angewiesen sind. Wenn schriftlich formulierte Gedanken und Überlegungen von Studierenden in das Seminargespräch einbezogen werden, entsteht eine andere Art von Austausch, als wenn man nur sprechen würde. Beim Schreiben können die Studierenden sich in einem handlungsentlasteten Raum Gedanken machen, ihre Gedanken vertiefen, klären und strukturieren. Durch die Rekursivität des Schreibprozesses können sie nach und nach die Kluft zwischen Alltagssprache und Fachsprache überbrücken.

Aber wie entsteht ein fruchtbares Seminargespräch? In einer rein mündlich angelegten Lehrsituation ist es nicht immer einfach, mit Studierenden ins Gespräch zu kommen. Manchmal sagen nur wenige etwas oder es herrscht Schweigen. Manchmal scheinen Studierende sich kognitiv und sprachlich in anderen Welten zu bewegen. Lehrende und Studierende sprechen zwar miteinander, aber nicht im Sinne eines Dialogs – ein solcher findet nach Ansicht des Semiotikers Michail Bachtin (1981) dann statt, wenn Personen mit unterschiedlichen Perspektiven, Ansichten und Einstellungen sich austauschen und dies zu einem neuen Verständnis führt: „The struggle between different conceptual systems […] creates new elements and understanding that differs from what the conversants had before", so Dysthe über das Dialogverständnis von Bachtin (Dysthe 1996:390).

Ein echter Dialog im Sinne Bachtins lässt sich dadurch fördern, dass in die Verständigung in einer Veranstaltung Texte von Studierenden einbezogen werden. Das kann in vielerlei Formen geschehen, die Sie im Laufe der Lektüre dieses Buchs kennenlernen werden, z.B. können Studierende fünf Minuten schriftlich einen zentralen Begriff definieren, dann ihre Definitionen austauschen und zu zweit Unterschiede und Gemeinsamkeiten besprechen. Erst danach beginnt die Diskussion im Plenum. Geht man so vor, stehen Texte von Studierenden im Mittelpunkt der Auseinandersetzung um die Sache und bringen ihre Gedanken zur Geltung. Studierendentexte haben dann eine kommunikative Funktion, die Benotung rückt in den Hintergrund.

Schreiben jenseits von Leistungsnachweisen: ein Gedankenexperiment

Gabi Reinmann (2012) lädt dazu ein, sich vorzustellen, wie Studium und Lehre gestaltet wären, wenn es keine Noten mit Rechtsfolgen gäbe. Das Gedankenexperiment regt dazu an, über den üblichen Umgang mit Texten von Studierenden nachzudenken.

In der Regel sind sie Leistungsnachweise, die zum Zweck der Benotung und Bewertung entstehen. Würden Studierende noch schreiben, wenn es keine Noten gäbe? Wenn man annimmt, man würde weiterhin Texte von ihnen verlangen, müsste man sich fragen:
Wozu schreiben die Studierenden eigentlich?
Wozu schreiben sie in meiner Veranstaltung?
Was sollen sie dadurch lernen?

Traditionelle Textformate wie Hausarbeit, Laborprotokoll und Essay nehmen uns diese Fragen scheinbar ab. Wenn sie aus Gewohnheit verlangt werden, führt das leicht zu einer Entkopplung von Veranstaltung und Schreiben.

In diesem Buch erfahren Sie, wie Sie Schreibaufträge passend zu den Zielen Ihrer Veranstaltung entwickeln.

1 Fachlich lernen durch Schreiben

Wodurch haben Sie in Ihrem Studium am meisten gelernt? Für viele Lehrende gehört das Schreiben zu den wichtigsten Studienerfahrungen. Auch empirisch ist der besondere Stellenwert des Schreibens im Studium nachgewiesen. Light hat mit einem Forschungsteam 1600 Harvard-Studierende zum Thema „Engagement im Studium" befragt und ihre Aussagen mit Aussagen von Studierenden anderer Hochschulen verglichen (Light 2001). Danach korreliert die Menge des Schreibens auffällig mit der Höhe des Engagements von Studierenden, unabhängig davon, ob man Engagement spezifiziert im Sinne der Zeit, die für einen Kurs aufgewendet wird, oder als den Grad der intellektuellen Herausforderung oder als das Interesse, das Studierende einer Sache entgegenbringen: „The relationship between the amount of writing for a course and students' level of engagement [...] is stronger than any relationship between student engagement and any other course characteristic" (Light 2001:64). Besonders motivierend ist es für Studierende, wenn sie ihre selbst verfassten Texte wechselseitig lesen und sich Rückmeldung geben und wenn die Texte in das Gespräch der Veranstaltung einbezogen werden: „They want to be proud of their work in front of their classmates, and they want their ideas to become an integral part of class discussions" (Light 1990:5). Auch außerhalb von Veranstaltungen schätzen sie den Austausch über ihr Schreiben wegen des sozialen Zusammenhalts, der dadurch entsteht. Den Studierenden ist dabei wichtig, dass sie sich nicht einfach nur treffen, sondern gemeinsam an einem akademischen Projekt arbeiten.

Auch die NSSE-Studie (National Survey of Student Engagement) bestätigt den Zusammenhang zwischen fachlichem Engagement und Schreiben (Anderson et al. 2015). Die Autoren betonen allerdings, dass es nicht die reine *Menge* des Schreibens sei, die das Engagement der Studierenden fördere. Vielmehr müssten bestimmte Voraussetzungen erfüllt sein:

> **Bedingungen für fachliches Lernen durch Schreiben**
>
> - Die Schreibaufgaben sind komplex.
> - Die Anforderungen werden klar kommuniziert.
> - Im Schreibprozess gibt es Austausch und Rückmeldung, sei es von anderen Studierenden oder Lehrenden.

Mittlerweile wird im Anschluss an das amerikanische „writing-intensive teaching" auch in Deutschland immer häufiger von schreibintensiver Lehre gesprochen. Dieser Begriff zielt auf die Lernintensität, die Studierende durch das Schreiben an der Hochschule erleben. Schreibintensiv bedeutet also nicht, Studierende besonders viel schreiben zu lassen (und entsprechend den eigenen Arbeitsaufwand hochzuschrauben), sondern dafür zu sorgen, dass Studierende im Studium Gelegenheiten zum Schreiben erhalten, durch die sie besonders viel lernen.

Die Ergebnisse der NSSE-Studie bestätigen, was die meisten aus dem eigenen Studium kennen: Interessante Aufgabenstellungen motivieren, klare Anforderungen geben Orientierung und der Austausch mit anderen wirkt unterstützend. Damit haben wir also eine Richtlinie dafür, was Studierende brauchen, um sich durch Schreiben fachlich zu engagieren und zu lernen. Und es ist nicht einmal kompliziert. Wie kommt es also, dass Schreiben nicht sehr viel mehr in der Lehre genutzt wird?

Oft setzt man einfach die Art der Lehre fort, die man selbst erlebt hat. Anders als noch im 19. Jahrhundert (Dainat 2015) ist es heutzutage in Deutschland üblich, dass Studierende *im Anschluss* an eine Veranstaltung schreiben und über ihre Texte meist nur in der Sprechstunde sprechen. Das heißt aber nicht, dass es notwendigerweise so sein muss. Mittlerweile haben viele Lehrende gute Erfahrungen damit gemacht, Schreibübungen in Veranstaltungen zu integrieren, und auch darüber berichtet (Monroe 2002, 2006).

Manchmal machen sich Lehrende auch Sorgen, dass die Zeit, die für das Schreiben benötigt wird, für die Fachinhalte fehlen könne.

Die positiven Effekte des Schreibens auf das fachliche Lernen von Studierenden, die bislang nachgewiesen wurden, legen allerdings nahe, dass sich die Zeitinvestition lohnt (Arum & Roksa 2011, 2014; Wingate 2011; Kuh 2008; Bangert-Drowns et al. 2004; Light 2001; Russell 2001; Astin 1992).

Bisweilen wird auch eingewendet, es sei nicht Aufgabe von Fachlehrenden, Schreibkompetenzen zu vermitteln. Schreiben wird oft als eine den Inhalten vor- oder nachgelagerte, jedenfalls von diesen unabhängige Technik gesehen und wenn möglich delegiert; institutionell manifestiert sich dies in Schreibzentren, Tutorien und Veranstaltungen wie „Techniken wissenschaftlichen Schreibens". Durch die Trennung von „Inhalten" und „Schreiben" geht der Lehre jedoch viel Potential verloren.

Die Ergebnisse der Schreibforschung, die im nächsten Abschnitt vorgestellt werden, sollen stattdessen dazu anregen, dieses Potential zu nutzen. Aus dieser Perspektive sind wir als Lehrende Schreibexpertinnen und -experten in unserem Fach, einfach weil wir wissen, wie und in welchen Formen dort geschrieben wird. In diesen Formen kommen Fach- und Schreibkompetenz zusammen. Entsprechend bezeichnet John Bean das Schreiben im Fach als „Expert Insider Prose" (2011:XII). Wenn Lehrende ihre Kompetenz für „Expert Insider Prose" nutzen, profitieren Studierende enorm, auch und gerade beim Erlernen der Fachinhalte.

• **ÜBUNG** • — Lehrende —

Wissenschaftliches Schreiben als „Expert Insider Prose"

Aufgabe: Was sind Beispiele für „Expert Insider Prose" in Ihrem Fach? Was sind typische Texte, die Studierende später im Beruf schreiben werden?

Erstellen Sie eine Liste von typischen Textformaten. Berücksichtigen Sie dabei unterschiedliche Adressaten und unterschiedliche Domänen:

- Wissenschaftliches Schreiben in den Disziplinen, z.B.: Technische Berichte, Konferenzpräsentationen, Zeitschriftenartikel, Buchbesprechungen

- Professionelles Schreiben am Arbeitsplatz, z.B.: Memos, technische Dokumentationen, Marketingbroschüren, Geschäftspläne, Beraterberichte, Anträge, Protokolle

- Fachliches Schreiben für ein Laienpublikum, z.B.: Erläuterungen zu Fachthemen in Broschüren, Anleitungen, Zeitungsartikeln

- Professionelles Schreiben im E-Kontext, z.B.: Webseiten zu Fachthemen, Hypertext, Multi-Media-Präsentationen

ÜBUNG

Übung 1: Eine Liste mit „Expert Insider Prose" im Fach erstellen

Studierende, die Seminare bei dem Soziologen Stefan Kühl (Universität Bielefeld) besuchen, schreiben keine Hausarbeiten, sondern Rezensionen, Projektanträge, Essays, Fachartikel – also immer Texte mit realwissenschaftlichem Bezug. Alle schreiben auf das Ziel einer Publikation hin. Erst am Ende der Veranstaltung entscheidet sich, wer tatsächlich veröffentlichen darf. Nach Kühl ist die wirkliche Publikation allerdings nachrangig. Im Vordergrund steht der Motivationseffekt, der durch das Ziel einer Publikation entsteht. Unabhängig davon, ob ihr Text erscheint, schreiben Studierende von Anfang an für Leser und Leserinnen. „Das Grundprinzip des Konzeptes ist, dass Studierende von Beginn des Studiums an nicht für die Schublade, sondern für Leser schreiben sollen und diese Leserschaft nicht nur aus einem einzigen Lehrenden besteht"(Kühl 2015:145). Diese Orientierung an einer Leserschaft führt aus einem Dilemma, das viele Studierende beim wissenschaftlichen Schreiben erleben. Die üblichen Leistungsnachweise, wie z.B. Hausarbeiten und Laborprotokolle, sind nach den Anforderungen zu gestalten, die aus dem Kontext Wissenschaft kommen. Für Studierende ist in einer Lehrveranstaltung dieser Kontext aber nur schwer fassbar. Viele schreiben in erster Linie für den Lehrenden oder die Lehrende, um einen Leistungsnachweis zu bekommen.

Lehren und lernen durch Beteiligung

Die Rolle des Schreibens im Studium wird bestimmt durch unser Verständnis davon, was ein Fach ausmacht. Denken wir primär an die Inhalte, dann hat Lehre die Aufgabe der Wissensvermittlung. Die Texte von Studierenden dienen dann dem Nachweis, dass sie sich dieses Wissen angeeignet haben.

Man kann Disziplinen aber auch von ihrer diskursiven Erkenntnisproduktion her denken. Dann hat Lehre die Aufgabe, Studierenden beizubringen, wie man fachlich relevante Fragen stellt, wie man sie bearbeitet und wie man die Ergebnisse für andere anschlussfähig darstellt. Aus dieser Perspektive zeichnet sich eine Disziplin vor allem durch ihre „ways of knowing, doing and writing" (Carter 2007:385) aus. Das Fach zu lehren bedeutet dann, eine besondere Art des Umgangs mit Wissen zu vermitteln, und zwar nicht frontal durch Vortrag, sondern im Modus der Beteiligung. Das entspricht dem Ansatz des situierten Lernens, der vor allem durch die Arbeiten von Lave und Wenger bekannt geworden ist (Lave & Wenger 1991; Wenger 1999). Nach Lave und Wenger lernen wir, weil wir dazugehören und Teil einer Gemeinschaft sein wollen. Hierfür beobachten wir andere und ahmen sie nach. Übertragen auf das Schreiben bedeutet das: Studierende lernen fachliches Schreiben, indem sie Fachangehörige beobachten und weil sie gern selbst Mitglied der Fachgemeinschaft werden wollen. Humboldts „Gemeinschaft von Forschenden und Lehrenden" sollte genau diese Art von Lernen ermöglichen. Was heißt Beteiligung von Studierenden am Gespräch der Disziplinen für den Alltag von Hochschullehrenden?

Auf den ersten Blick scheint Beteiligung von Studierenden unmöglich, weil Studierende sich nicht oder nur sehr selten im engeren Sinne am Fachdiskurs beteiligen. Ihre Texte, z.B. Hausarbeiten, Essays oder Laborprotokolle, sind Übungsformen. Sie spielen, wenn man so will, im Sandkasten, weit weg vom realen Geschehen der Wissenschaft. Lehrende, die das Schreiben als Übungsform sehen, konzentrieren sich häufig auf formale Aspekte und Fragen, z.B. ob

Konventionen wie Fachsprache, Genre, Zitationsweise etc. eingehalten werden.

In einem weiteren Sinne kann man aber auch jedes Seminar und jede Lehrveranstaltung als Fachdiskurs sehen, der sich von Forschung als einer prinzipiell offenen Praxis nicht grundsätzlich unterscheidet. Wenn Texte von Studierenden als Beitrag zum fortlaufenden fachlichen Gespräch gelesen werden, treten inhaltliche Fragen stärker in den Vordergrund. Man interessiert sich dafür, was Studierende sagen wollen, wo sich interessante Überlegungen und Anknüpfungspunkte zeigen etc.

Solange Studierende noch kein Verständnis vom diskursiven Charakter von Wissenschaft haben, führt der Fokus auf das Formale leicht dazu, dass sie nur die Form imitieren, ohne den Sinn dahinter verstanden zu haben. *Es empfiehlt sich deshalb, mit den Inhalten zu beginnen. Form follows function.* Wenn Sie Schreiben gezielt als Motor des inhaltlichen Gesprächs in der Lehrveranstaltung einsetzen, bieten Sie Studierenden die Chance, eine Brücke zu schlagen von ihren subjektiven Erkenntnisinteressen zum kollektiven Projekt „Forschung".

Man mag einwenden, dass Studierende nur selten zu „echten" fachlich relevanten Beiträgen kommen, weil sie noch zu sehr damit beschäftigt sind, sich einen bestimmten Wissensstand zu erarbeiten. Das ist sicherlich richtig. Erst einmal sind Studierende vor allem mit Rekonstruktion beschäftigt. Der Erkenntnisgewinn ihrer Arbeiten ist für sie subjektiv bedeutsam, aber nicht notwendig für die Fachgemeinschaft. Der Übergang zwischen subjektivem und fachlich relevantem Erkenntnisgewinn ist aber fließend und vor allem eine Frage der Schreibentwicklung im Studium: Studierende lernen nach und nach, Fragen und Probleme zu bearbeiten, die nicht nur subjektiv bedeutsam, sondern auch fachlich relevant sind.

Schreiben jenseits des Sandkastens ist für Studierende möglich, auch dann wenn die Texte nicht publiziert, sondern „nur" im Seminar gelesen und kommentiert werden. Ein amerikanisches Arbeitsbuch zum Schreiben für Collegestudierende (Palmquist 2010) macht bereits mit seinem Titel „Joining the Conversation" deutlich, wie Schreiben hier aufgefasst wird: als eine Form des Gesprächs mit sich und anderen. Die Metapher des Gesprächs verweist darauf, was geschieht, wenn Studierende lernen, zu denken und zu handeln wie Angehörige einer Fachdisziplin: Sie entwickeln die Fähigkeit, Beiträge zu einem kollektiven, zeit- und raumübergreifenden Arbeitsprojekt zu leisten. Sie lernen das, indem sie es tun.

2 Schreibprozesse als Lernprozesse

Schreiben lernen und Lernen durch Schreiben sind zwei Seiten einer Medaille und häufig gar nicht voneinander zu trennen. Je nachdem, worauf man den Akzent legt, rücken jedoch andere Aspekte in den Vordergrund. Beim Schreiben als Lern*gegenstand* (Schreiben lernen) geht es häufig um den Text als *Produkt*. Wir fragen: Passt die Form? Der Stil? Ist der Text verständlich, klar strukturiert? Dieser Aspekt spielt in diesem Buch insofern eine Rolle, als sich Fachkompetenz immer auch darin zeigt, ob die Textprodukte den Anforderungen, Normen und Konventionen der jeweiligen Disziplin entsprechen. Wichtiger für fachliche Lehre ist aber das Schreiben als Lern*instrument* (Lernen durch Schreiben). Hier geht es vor allem um Schreib*prozesse*, weil sich in diesen das „Potential [des Schreibens] für verschiedenartige Prozesse der Aneignung von Weltwissen, Sprachwissen und metakognitivem Wissen" (Steinhoff 2014: 331) entfaltet. Dieses Potential erklärt Steinhoff für die verschiedenen Wissensbereiche wie folgt (a.a.O.:332f.):

1. *Weltwissen*: Schreiben intensiviert die Auseinandersetzung mit Themen und Inhalten. Wer schreibt, vergegenwärtigt sich, was er oder sie bereits weiß, setzt sich dazu ins Verhältnis und entwickelt dieses Wissen weiter. Diese Art von Schreiben wird in der Schreibforschung als „epistemisch" bezeichnet. Verschiedene Studien zeigen, wie Autorinnen und Autoren das Schreiben nutzen, um ihre Gedanken zu entwickeln (Hermanns 1988; Molitor-Lübbert 2002; Ortner 2000).

2. *Sprachwissen:* Wenn Studierende schreiben, lernen sie die Fachsprache ihrer Disziplin nicht nur zu verstehen, sondern auch selbst fach- bzw. disziplinspezifisch anzuwenden (Pohl 2007; Steinhoff 2007). Das fördert ihr Sprachwissen.

3. *Metakognitives Wissen*: Schließlich entwickeln Schreibende metakognitives Wissen dadurch, dass umfangreichere Schreibprojekte verschiedene Teilhandlungen erfordern, die miteinander koordiniert werden müssen, um in angemessener Zeit zu einem funkti-

onierenden Text zu kommen. Hierfür muss das eigene Verhalten laufend beobachtet und reflektiert werden.

Schreiben ist allerdings nicht per se ein Motor des Lernens. Die genannten Effekte stellen sich nur ein, wenn es angemessen in eine Veranstaltung integriert wird. Um das Schreiben so in die Lehre zu integrieren, dass es das fachliche Lernen der Studierenden unterstützt, ist Hintergrundwissen aus der Schreibforschung sehr nützlich. Deshalb zeigt das folgende Kapitel, wie sich Schreibkompetenzen entwickeln (2.1), geht auf Besonderheiten des Schreibens an Hochschulen ein und auf die Schwierigkeiten, die es für Studierende häufig mit sich bringt (2.2). Viele Probleme mit dem Schreiben kommen daher, dass Studierende keine Strategien entwickelt haben, um mit der Komplexität des Schreibens umzugehen. Gerade in dieser Komplexität steckt aber die besondere Lernchance! Wie Lehrende Studierende dabei unterstützen können, ungünstige Strategien im Umgang mit Komplexität durch effektivere zu ersetzen, schildert der letzte Teil dieses Kapitels (2.3).

2.1 Schreiben können – was heißt das genau?

Was assoziieren Sie mit „Schreiben lernen"? Schultüte, Tafel, der erste Füller, Buchstaben in Schreibhefte malen? Die Schreibforscherin Anne Beaufort hätte vermutlich andere Assoziationen: im Job ankommen, neue Textsorten (z.B. Anträge) kennenlernen und schreiben, Rückmeldung von Kolleginnen erhalten, Kritik akzeptieren. Auch hier geht es um „Schreiben lernen": das Schreiben in einem professionellen Kontext. Menschen, die in ihrem Beruf schreibend kompetent handeln können, bezeichnet die Schreibforschung als „expert writers". Von den „novice writers", also Schreibenden, die in einem bestimmten Gebiet noch unerfahren sind, unterscheiden sie sich vor allem dadurch, dass sie über ein breites Repertoire von Strategien verfügen, um die im Berufsalltag anfallenden Schreibaufgaben zu bewältigen (vgl. Beaufort 1999).

Wie schreiben Expertinnen und Experten? Diese verfügen über folgende Kompetenzen (Walvoord 2014:2-4):

- Sie organisieren ihren Schreibprozess so, dass sie effektiv zu Ergebnissen kommen.

2.1 Schreiben können – was heißt das genau?

- Sie konstruieren ihren Text nach den Anforderungen der Aufgabe, der Situation und nach den Bedürfnissen der Adressaten.
- Sie realisieren die für den Text notwendigen Sprachhandlungen, z.B. Argumentieren, eine Lösung empfehlen oder Berichten.
- Sie nutzen sprachliche Mittel und Formen der Gedankenführung, die dem jeweiligen Schreibkontext angemessen sind.
- Sie berücksichtigen Informationen aus verschiedenen Quellen und können deren Validität einschätzen.
- Sie nutzen formal korrekte Grammatik und Zeichensetzung.

Die meisten Schreibexperten machen sich diese Kompetenzen meist nicht bewusst. Sie lernen durch Trial-and-Error und Nachahmung und entwickeln so ihre Strategien. Solange die Texte funktionieren und man in angemessener Zeit zu einem Ergebnis kommt, ist das kein Problem. Was aber, wenn das nicht so ist?

Schreibprobleme als Lernanlass

Wenn die bisherigen Strategien nicht mehr funktionieren, ist Neu- und Umlernen angesagt. Dazu ein Beispiel: Vor Kurzem habe ich eine Promovendin beraten, die eine Dissertation in der qualitativen Sozialforschung schreibt. Ihre Herausforderung bestand darin, Zitate aus ethnografischen Protokollen in den Text einzubinden. Anders, als sie es aus ihrem Herkunftsfach, der Geschichte, kannte, haben Zitate aus Protokollen in der Ethnografie keine Belegfunktion, sondern illustrierenden Charakter. Die Zitate werden deshalb sprachlich anders in Texte eingebunden als bei historischen Quellentexten üblich. Um den neuen Anforderungen gerecht zu werden, musste die Doktorandin ihr sprachliches Repertoire zur Einbindung von Zitaten erweitern.

Auch das Peer Review, also die Begutachtung durch Kolleginnen und Kollegen bei Veröffentlichungen in Fachzeitschriften, kann zu Neu- und Umlernen führen. Manchmal macht diese Rückmeldung deutlich, dass z.B. die Relevanz einer Forschungsfrage in einer internationalen Zeitschrift anders begründet werden muss als in einer nationalen.

Schreibende lernen also immer weiter dazu, besonders dann, wenn sie sich schreibend auf die Ränder ihrer vertrauten Komfortzone zubewegen. Sobald sie dieses vertraute Feld verlassen, wissen sie nicht mehr genau, welches Spiel gespielt wird – aber erfahrene Schreibende wissen, dass überall andere Spielregeln gelten.

Schreiben ist keine One-Size-fits-all-Kompetenz

Russell (2001) warnt davor, Studierenden die Vorstellung zu vermitteln, Schreibkompetenz sei eine One-Size-fits-all-Kompetenz, die, einmal erworben, überall eingesetzt werden könne.

> Russell 2001: 260
>
> » *As anthropological and sociological studies of literacy worldwide have shown, writing is not autonomous. It does not work in one way, with one set of effects, but in many ways, with many and varied effects, given the specific system(s) of human activity in which a particular text or specific genre functions.* «

Er vergleicht Schreiben mit Ballspielen, die schließlich auch nicht alle gleich seien: Strategie, Taktik, Bewegungsabläufe – alles ist anders. Um an Ballspielen wie Rugby, Baseball, Fußball, Tennis etc. teilnehmen zu können, muss man die jeweiligen Regeln kennen und in der Lage sein, danach zu spielen. Ähnlich ist es mit dem Schreiben: Wir benutzen Wörter und Sätze, aber wie damit gespielt wird, unterscheidet sich nach Ziel, Kontext und Adressaten unserer Texte.

Schreibenlernen im professionellen Kontext: eine Studie

Anne Beaufort hat in einer ethnografischen Studie untersucht, wie neue Mitarbeiterinnen und Mitarbeiter in einer Non-Profit-Organisation in den USA lernen, in ihrem Berufsalltag zu schreiben (Beaufort 1999). Ihre Ergebnisse stützen Russells Argument zur Komplexität und Kontextabhängigkeit des Schreibens: Obwohl alle von Beaufort beforschten Mitarbeiterinnen und Mitarbeiter einen Hochschulabschluss hatten, dauerte es oft mehrere Jahre, bis sie anspruchsvolle Texte wie z.B. Fundraising-Briefe angemessen verfassen konnten. Beauforts Studie stellt in Frage, dass Schreibkompetenz ohne weiteres von einem Feld (wie der Hochschule) auf ein anderes (bspw. die Arbeit in einer NGO) übertragen werden kann. Sie bestätigt damit, dass Schreibkompetenz kontextgebunden ist und immer wieder neu erworben werden muss.

Schreibkompetenz: ein Modell

Auf der Grundlage von teilnehmender Beobachtung und Interviews mit den betreffenden Mitarbeiterinnen und Mitarbeitern der NGO hat Beaufort (2005, 2014) ein Modell von Schreibkompetenz entwickelt. Es umfasst fünf Wissens- und Kompetenzbereiche:

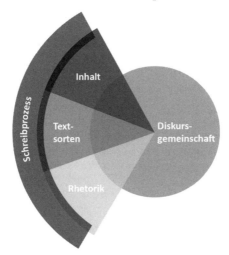

Abb. 1: Das Schreibkompetenzmodell von Anne Beaufort
(nach Beaufort 2005; eigene Grafik)

Die Mitarbeiterinnen und Mitarbeiter der von Beaufort untersuchten NGO schreiben Förderanträge für die Bundesbehörde, lokale Behörden und private Stiftungen. Zu Beginn scheitern sie, weil sie alle Anträge nach dem gleichen Muster schreiben. Erst nach und nach lernen sie, die Anträge auf das Entscheidungsverhalten der Zielgruppe zuzuschneiden, also die Kommunikationsweisen der jeweiligen *Diskursgemeinschaft*. Das betrifft u.a. die Struktur, die Argumentationsweise und die Sprache der Anträge.

Der Zuwachs an *inhaltlichem Wissen* befähigt die Mitarbeiterinnen und Mitarbeiter, die Projekte der NGO nach außen kompetent darzustellen. Weiterhin entwickeln sie Wissen über einschlägige *Textsorten*, d.h. darüber, wie Texte eines bestimmten Typs auszusehen und zu klingen haben; damit gelingt es ihnen z.B. zunehmend besser, Pressemitteilungen zu verfassen, die von den lokalen Zeitungen veröffentlicht werden. Der Erwerb *rhetorischen Wissens* befähigt sie, besondere sprachliche Herausforderungen der Kommunikationssituation zu bewältigen, z.B. in einer Pressemitteilung mehrere Zielgruppen gleichzeitig anzusprechen.

Schließlich haben sich alle Mitarbeiterinnen und Mitarbeiter im Untersuchungszeitraum *Strategien zur Organisation ihrer Schreibprozesse* angeeignet, sei es durch das Festlegen von Schreibzeiten oder die bewusste Verarbeitung von Informationen mit Hilfe unterschiedlicher Dateien.

„Schreiben können" ist also, das macht Beaufort deutlich, eine komplexe Fähigkeit. Um eine Schreibsituation erfolgreich zu meistern, benötigen die Schreibenden Kompetenzen in allen fünf Bereichen.

> Beaufort 2014: 162
>
> » *Ohne inhaltliches Wissen fehlt das Material, mit dem gearbeitet werden kann. Ohne Textsortenwissen, das Wissen über die Diskursgemeinschaft und rhetorisches Wissen gibt es keine geeigneten Mittel, um das Material zu prüfen und so zu gestalten, dass es in einem bestimmten sozialen Kontext wirksam ist. Und ohne Wissen über den Schreibprozess werden sich Ideen, Informationen und Bilder nicht in einem vorgegebenen Zeitrahmen in einer kohärenten Form materialisieren.* «

Schlussfolgerungen für die Lehre

Wenn Studierende an die Hochschule kommen, geht es ihnen ähnlich wie den Mitarbeiterinnen und Mitarbeiter der NGO in Beauforts Studie. Sie verfügen bereits über Schreibkompetenzen, aber der Kontext Hochschule stellt grundsätzlich andere Anforderungen als die Schule. Studierende sind deshalb darauf angewiesen, dass Anforderungen und Erwartungen geklärt werden. Das Modell von Beaufort kann dabei eine gute Hilfe sein. Wenn Ihnen eine Ihrer Schreibaufgaben unklar erscheint, können Sie die fünf Dimensionen von Beauforts Modell durchgehen und mit den folgenden Fragen die Anforderungen klären:

2.1 Schreiben können – was heißt das genau?

1. Was sind Funktionen und Ziele der Aufgabe? Hat der Text ein Vorbild außerhalb des Lehrkontexts?

2. Welches inhaltliche Wissen brauchen Studierende, um die Aufgabe bearbeiten zu können?

3. Was für eine Art von Text sollen die Studierenden schreiben? Was ist die Struktur? Was sind formale Vorgaben?

4. Gibt es besondere Formulierungen und Wendungen, die typisch sind für diese Art von Text?

5. Sollen die Studierenden auf eine bestimmte Art und Weise vorgehen? Gibt es Arbeitsschritte, die so und nicht anders durchgeführt werden müssen?

Es ist sinnvoll, neue Textsorten in Kombination mit dem Modell von Beaufort zu erläutern, damit Studierende verstehen, wie übergreifende Aspekte sich in unterschiedlichen Textsorten konkretisieren. Wenn Studierenden das Modell von Beaufort als Heuristik im Laufe ihres Studiums bei unterschiedlichen Schreibaufgaben immer wieder begegnet, unterstützt es sie dabei, Texte als multidimensionale Gebilde zu sehen, die je nach Anlass, Zielgruppe und Kontext anders geschrieben werden. Sie hören dann auf, nach „Rezepten" zu fragen, und lernen, sich die Anforderungen an Texte aus dem Kontext zu erschließen.

2.2 Schreiben im Studium: Erfahrungen und Strategien von Studierenden

Wie die Studie von Beaufort zeigt, verläuft der Erwerb von Schreibkompetenzen in professionellen Kontexten häufig implizit; gelernt wird durch Versuch und Irrtum. An der Hochschule ist das meist nicht anders. Und es gelingt Studierenden durchaus, auf diese Weise wissenschaftliche Textkompetenz zu erwerben: Steinhoff (2007) ist in einer textlinguistischen Studie der Frage nachgegangen, wie Studierende lernen, Hausarbeiten zu verfassen. Anhand von 269 Hausarbeiten, die 72 Studierende über ihr gesamtes Studium hinweg geschrieben haben, untersucht er, wie sie in Texten auf sich selbst verweisen (z.B. mit „ich"), wie sie Bezüge zwischen Texten herstellen, wie sie argumentieren, Texte kritisieren und Begriffe bilden. Er vergleicht ihr Vorgehen mit dem Sprachgebrauch in 99 Zeitschriftenartikeln aus den Fächern Linguistik, Literaturwissenschaft und Geschichtswissenschaften.

Zu den wichtigsten Ergebnissen dieser Studie gehört, dass der Lernprozess über das gesamte Studium hinweg dauert und die Studierenden den in der Disziplin üblichen Sprachgebrauch nach und nach erlernen. Auf dem Weg dorthin machen sie viele „Fehler", d.h. sie verwenden Sprache anders, als Expertinnen und Experten im Fach es erwarten würden. Sie nutzen rhetorische Fragen, die im Journalismus üblich sind, oder orientieren sich beim Kritisieren am mündlichen Sprachgebrauch. Typisch ist auch das folgende Zitat, in dem ein Studierender so tut, als würde er definieren, aber nur Worthülsen nutzt, ohne eine Definition zu formulieren: „Will man den Begriff Krankenhaus näher bestimmen, so gilt es die Möglichkeit zu finden, um das zu beschreiben, was man unter Krankenhaus verstehen kann, um einen weitgehenden Konsens zu schaffen" (Steinhoff 2007:145). Manche Lehrenden mögen angesichts solcher „Fehler" in studentischen Texten über die mangelnden sprachlichen Fähigkeiten von Studierenden klagen. Steinhoff sieht sie jedoch als ganz normale Begleiterscheinungen eines umfassenden Lernprozesses. Dadurch verändert sich der Blick auf studentische Texte: Statt sich zu ärgern, kann man Studierenden einfach passendere Formulierungen anbieten.

Lässt sich aus Steinhoffs Studie darüber hinaus auch schließen, dass die Schreibsozialisation an deutschen Hochschulen im Großen und Ganzen funktioniert? Ich denke nicht. Es gerät leicht aus dem Blick, wie viele Studierende an den Schreibherausforderungen im Studium scheitern oder sich Strategien aneignen, um irgendwie „durchzukommen", die aber auf Dauer nicht produktiv sind. Da Steinhoff die Arbeiten von erfolgreichen Studierenden untersucht, bildet seine Studie diese Schwierigkeiten jedoch nicht ab.

Probleme mit dem Schreiben im Studium

Detaillierten Einblick in genau diese Schwierigkeiten von Studierenden geben qualitative Forschungsarbeiten, in denen Studierende beim Schreiben beobachtet und dazu befragt werden. So zeigen Girgensohn (2008) und Nicolini (2008), dass Studierende vor allem in der von Steinhoff untersuchten Dimension der Verfasserreferenz Probleme haben, also damit, sich selbst in ihren Text einzubringen. Das Problem dabei ist allerdings oftmals kein rein sprachliches, vielmehr betrifft es ihre Identität und ihr Selbstverständnis im akademischen Raum:

> Nicolini 2008: 11
>
> » *Viele wissen nicht, was ein guter wissenschaftlicher Text ist. Sie kommen an die Universität mit teils guten Sprachkenntnissen, begegnen hier einem ungewohnten, dem sogenannten wissenschaftlichen Sprachgestus, der ihnen fremd entgegentritt, autoritär, erhaben über jeden Zweifel. Die Studierenden können sich in diesen Sprachgestus nicht einfinden, sie kopieren ihn so schnell und so unauffällig wie möglich. Sie kopieren im Versteck, vertrauen auf die gleichmachende Kraft der Zeit.*
> *Dadurch verlieren sie leicht ihre mitgebrachte Sprache und begeben sich in akademisches Niemandsland, in eine Sprachanonymität, wo sie die Themen nicht souverän entfalten und die eigene Person keinen Platz hat.* «

Wissenschaft beruht auf Distanzierung und Entpersönlichung. „Die Sache" und nicht die persönliche Meinung oder Einstellung soll im Vordergrund stehen. Als Person in den Hintergrund zu treten, muss aber *nicht* heißen, sich selbst mit den eigenen Anliegen und Fragen zu negieren, sondern eine Perspektive einzunehmen, die von der eigenen Person abstrahiert. Dafür brauchen Studierende Mut und Ermutigung, beim Schreiben ihren Gedanken zu vertrauen und schrittweise über das allzu Persönliche hinauszuwachsen. In informell-explorativen Texten (vgl. Kapitel 5) haben sie Gelegenheit, verschiedene Haltungen zu erproben.

Versteckte Anforderungen und Bewältigungsversuche

Die Hausarbeit, die an deutschen Hochschulen in vielen Fächern üblich ist, kann es Studierenden besonders schwer machen, ein akademisches Selbstverständnis zu entwickeln. Hausarbeiten sind eine Übungsform des Arbeitens und Denkens in unterschiedlichen Fächern. Dass die Anforderungen je nach Disziplin unterschiedlich sind, wird in der Sammelbezeichnung „Hausarbeit" wie auch in dem allgemeinen Begriff „wissenschaftliches Schreiben" allerdings nicht deutlich. Lehrende als Schreibexpertinnen und -experten ihres Fachs sind sich dieser Besonderheiten oft nicht bewusst, weil sie selbst implizit schreibsozialisiert wurden. Studierende pendeln aber oft als „Stranger in Strange Lands" (McCarthy 1987) zwischen den unterschiedlichen Konventionen ihrer Studienfächer hin und her. Sie versuchen, die in einem Fach oder auch nur einem Seminar erworbenen Schreibkompetenzen auf eine neue Situation zu übertragen, aber das gelingt häufig nicht (Moore 2012; Nelms & Dively 2007).

Professionell Schreibende können sich die Anforderungen einer Textsorte meist aus dem Kontext erschließen, z.B. bei Fachzeitschriften aus den Hinweisen für Autorinnen und Autoren und durch Lesen der Beiträge. Den meisten Studierenden fehlt ein solcher Kontext. Wenn Lehrende ihn nicht herstellen, indem sie die Anforderungen an bestimmte Textsorten explizieren und deren eigentlichen Verwendungskontext verdeutlichen, greift der Lehr-Lern-Kontext: Der Notenaspekt schiebt sich in den Vordergrund und Studierende schreiben für Lehrende, um eine möglichst gute Note oder einen Leistungsnachweis zu bekommen; die Lehrenden lesen ihre Texte, um ihnen eine Note zu geben. Dass sie die Arbeiten auch danach bewerten, ob der Text den in der Disziplin üblichen Konventionen entspricht, bleibt häufig implizit. Hausarbeiten verlangen von den Studierenden, für ein Fachpublikum zu schreiben, doch das ist als abstrakte Scientific Community weit weg und deshalb schwer zu adressieren. Angesichts dieser unklaren Adressatensituation greifen Studierende manchmal auf folgende Strategien zurück:

1. Sie versuchen, die Erwartungen der Lehrenden zu erfüllen, und fragen deshalb ständig nach; das enttäuscht die Lehrenden, die Selbständigkeit erwarten. Oder sie fragen nicht nach, sondern unterstellen völlig unrealistische Erwartungen. Beispielsweise geben

sie im Text nur Fakten wieder, ohne eine Argumentation zu entwickeln, weil sie aufgrund ihrer schulischen Erfahrungen vermuten, dass die Lehrenden „richtiges" Wissen erwarten.

2. Sie schreiben nach einem straffen Kosten-Nutzen-Kalkül und minimieren den Aufwand für Recherche und Lektüre. Intrinsische Motive wie Wissensdurst und Forscherlust entfalten sich nicht, es wird versucht, mit minimalem Aufwand eine möglichst gute Note zu bekommen.

3. Sie orientieren sich an Vorgaben, die sie z.B. im Internet finden, und verzetteln sich in den oft widersprüchlichen Angaben, anstatt sich der eigentlichen Aufgabe zu widmen. Solche Strategien führen häufig dazu, dass sich Studierende und Lehrende entfremden. Die Studierenden verfolgen Ziele, die aus ihrer Sicht legitim sind; die Lehrenden sind frustriert. Wenn man in dieser Situation versucht, dem Problem mit einem Mehr an Anleitung zu begegnen, indem man „didaktisch" für jeden Arbeitsschritt genaue Vorgaben macht, kann das die Schwierigkeiten sogar noch verschärfen, weil es erst recht „Schülerverhalten" provoziert. Das Problem ist oft nicht eines der fehlenden Anleitung, sondern es wird vielmehr ganz grundsätzlich der Sinn und Zweck einer Aufgabe nicht verstanden. In diesem Fall empfiehlt es sich, das in Kapitel 2.1 vorgestellte Modell von Beaufort zu nutzen, um die Aufgaben zu erklären.

2.3 Spontan, elaboriert, komplex: Fähigkeiten, die das Schreiben fordert und fördert

Luhmann 1992: 53 » *Ohne zu schreiben, kann man nicht denken:*
jedenfalls nicht in anspruchsvoller,
anschlussfähiger Weise. «

Wenn ich dieses Zitat in Workshops vorstelle, nicken alle. Was intuitiv einleuchtet, ist dennoch erklärungsbedürftig: Was heißt es, anspruchsvoll und anschlussfähig zu denken? Und welche Rolle spielt dabei das Schreiben?

Es gibt eine breit gefächerte Diskussion darüber, welche Denkfähigkeiten im Studium gefördert werden sollen. Sie entfaltet sich um Begriffe wie „kritisches Denken", „deep learning" oder „higher order thinking" (Lewis & Smith 1993; Kurfiss 1988; Winteler 2008). Der Begriff „höhere Denkfähigkeiten" hat sich vermutlich mit einer Taxonomie von Bloom und Krathwohl (1973) verbreitet, die Denkfähigkeiten auf sechs Komplexitätsstufen unterscheiden:

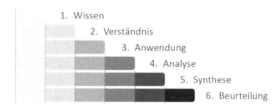

1. Wiedergabe von Fakten und Informationen
2. Verstehen und Erläutern von Informationen
3. Lösen von Problemen in einem neuen Zusammenhang
4. Prüfen und Schlussfolgerungen ziehen
5. Formulierung alternativer Lösungen, neuer Zusammenhänge
6. Darstellen und Verteidigen einer Position durch Bewertung von Informationen

Abb. 2: Taxonomie von Denkfähigkeiten nach Bloom; eigene Grafik

Das Schreiben gilt als gute Möglichkeit, höhere Denkfähigkeiten wie das Analysieren und Synthetisieren zu fördern (Tynjälä et al. 2001; Klein et al. 2014). So verlangt die Aufgabe, einen wissenschaftlichen Text zu verfassen, zunächst relevante Informationen zu suchen, sie dann zu analysieren und sie schließlich entsprechend der Fragestellung und Zielsetzung zu synthetisieren.

Schreiben und kritisch denken

Die Fähigkeit, mit unterschiedlichen Informationen umzugehen, wird auch als ein Aspekt der Fähigkeit zum kritischen Denken diskutiert (Kruse 2013). Kritisches Denken wird in allen umfangreicheren Schreibprojekten benötigt. Wer kritisch denkt, versucht bei der Untersuchung einer Frage alle verfügbaren Informationen zu berück-

2.3 Spontan, elaboriert, komplex

sichtigen und dadurch seine Hypothesen oder Schlussfolgerungen überzeugend zu begründen (Kurfiss 1988:2; Bean 2011:21).

In den eigenen Texten Stellung zu beziehen, fällt Studierenden aber oft schwer. Beim Verfassen von Seminararbeiten müssen sie sich in begrenzter Zeit in immer neue Themen einarbeiten. Manchmal fehlt die Zeit, die notwendig ist, um das Material für eine begründete Stellungnahme ausreichend zu durchdringen. Viele Studierende fühlen sich auch durch die Autorität von Lehrenden und Fachtexten eingeschüchtert. Hinzu kommt, dass sie es beim Verfassen wissenschaftlicher Arbeiten in der Regel nicht mit einfachen Problemen zu tun haben (für die es eine „richtige" Lösung gibt), sondern mit sog. „ill-structured problems" (Kurfiss 1988:2). Diese zeichnen sich zum einen dadurch aus, dass nicht alle verfügbaren Informationen relevant sind. Zum anderen gibt es nicht die „eine" richtige Lösung. Es sind immer mehrere Lösungen möglich. So kann eine Hausarbeit zu der Frage „Welche soziale Funktion hat das Gastmahl im antiken Rom?" zu ganz unterschiedlichen Ergebnissen kommen, je nachdem, welche Quellen sie heranzieht und wie sie das Problem definiert (Was heißt „soziale Funktion"?). Darum muss die gefundene Lösung argumentativ und mit Hilfe von Belegen untermauert werden, die diese Sichtweise unterstützen.

Wenn Studierende durch Schreiben lernen sollen, kritisch zu denken, brauchen sie Aufgabenstellungen, die sich dafür eignen. Eine Seminararbeit im klassischen Modus setzt gerade für Studienanfängerinnen und -anfänger die Hürde meist zu hoch an. Das führt dazu, dass viele Studierende Zuflucht bei Autoritäten suchen und an der Hoffnung festhalten, es gebe die eine richtige Antwort (Perry 1970; Belenky et al. 1986). Dieses Wissen(schaft)skonzept ist, wie Steinhoff betont, auch in den öffentlichen Medien durchaus verbreitet (Steinhoff 2008). In studentischen Arbeiten zeigt sich die Vorstellung vom „absoluten Wissen" (Magolda 1992) vor allem in der Textstruktur und darin, wie die Studierenden Bezüge zu anderen Texten herstellen: Sie geben Wissen wieder. Bean (2011:24ff.) unterscheidet drei Textformen dieser Art:

„And then"-Texte reihen Informationen chronologisch aneinander. Zum Beispiel stellen Studierende in einer Literaturübersicht Texte in der Reihenfolge vor, in der sie sie gelesen haben.

„All about"-Texte tragen das Wissen enzyklopädisch zusammen. Es fehlt die Argumentation, weil es keine Fragestellung gibt.

„Data Dump"-Texte haben keine nachvollziehbare Struktur. Daten, Zitate und Versatzstücke von Informationen werden einfach irgendwie zusammengestückelt.

Wie aber kann man Studierenden die Vielstimmigkeit von Wissenschaft und deren diskursiven Charakter verständlich machen? Vergleichen Sie folgende Aufgabenstellungen aus den Wirtschaftswissenschaften (nach: David 2008 & Bean 2014):

> **ÜBUNG** — Lehrende
>
> **Übungszettel oder Schreibauftrag?**
>
> Wodurch unterscheiden sich die folgenden beiden Aufgaben und für welche Aufgabe würden Sie sich entscheiden, um das kritische Denken von Studierenden zu fördern?
>
> **A:** Um den Benzinverbrauch aus Umweltschutzgründen zu verringern, wird eine Erhöhung des Benzinpreises empfohlen. Welcher Benzinpreis wäre erforderlich, wenn die Benzinnachfrage um 15% zurückgehen soll, der jetzige Benzinpreis 1,30€ und die Preiselastizität der Nachfrage nach Benzin -2,3 beträgt?
>
> **B:** Sie sind ein Student der Wirtschaftswissenschaften und sollen als Praktikant die Abgeordnete Juliane Müller in wirtschaftspolitischen Fragen beraten. Müller ist mit Haushaltsdefiziten konfrontiert und schlägt eine erhöhte staatliche Benzinsteuer als neue Staatseinnahme vor. Sie fordert Sie auf, eine zweiseitiges Memo zu verfassen, in dem Sie auf der Grundlage Ihrer Analyse der potenziellen Einnahmen durch eine

2.3 Spontan, elaboriert, komplex

> solche Steuer Argumente für oder gegen die Erhöhung der Benzinsteuer vorstellen sowie ihre Einschätzung der Vor- und Nachteile der Steuer darlegen. Bitte beschränken Sie Ihre Empfehlung ausschließlich auf Ihre Analyse. Verwenden Sie dafür mindestens eine Grafik (die nicht zu den zwei Seiten zählt). **Bedenken Sie:** Die Abgeordnete Müller ist keine Wirtschaftswissenschaftlerin und sehr beschäftigt. Das Memo soll deshalb klar, prägnant, präzise und verständlich für ein Laienpublikum sein.

— **ÜBUNG** —

Übung 2: Rechenaufgabe oder Schreibauftrag?

Die erste Aufgabe (A) ist klar strukturiert, das heißt, es gibt eine richtige Lösung. Bei der zweiten Aufgabe (B) sind mehrere Lösungen möglich. Schreibaufgaben eignen sich vor allem zur Bearbeitung „schlecht" strukturierter Probleme, für die es keine eindeutige Lösung gibt. Wenn Sie den Rahmen der Aufgabe sorgfältig abstecken und wie in dem Beispiel das Ziel, die Adressatin und das Format klar benennen, fällt es Studierenden leichter, die kognitive Herausforderung anzunehmen und sich nicht übermäßig überfordert zu fühlen. Im praktischen Teil des Buches finden Sie vor allem in den Kapiteln 4 und 5.2 viele weitere Hinweise und Anregungen zum Thema „Vielstimmigkeit".

Schreiben ist komplex

Bei allem Bemühen um die Klarheit der Aufgabenstellungen – Überforderung beim Schreiben im Kontext der Hochschule lässt sich nicht vermeiden. Überspitzt formuliert: Wissenschaftliches Schreiben ist zunächst eine einzige Überforderungssituation, und das nicht nur für Studienanfängerinnen und -anfänger. Was Studierende und grundsätzlich alle wissenschaftlich Schreibenden lernen müssen, ist, in dieser Überforderungssituation auf produktive Weise handlungsfähig zu bleiben.

Was aber macht das wissenschaftliche Schreiben so schwierig? Viele Situationen, Phänomene und Probleme, mit denen man in der Wissenschaft zu tun hat, sind nicht nur schlecht strukturiert, sie sind auch komplex. Das hat Folgen für die Bearbeitung. „[W]egen der Anzahl der beteiligten Elemente, wegen der Heterogenität dieser Elemente und wegen der Vielzahl sich auch noch laufend ändernder und natürlich ebenfalls heterogener Beziehungen zwischen diesen Elementen [sind komplexe Phänomene] prinzipiell vom menschlichen Bewusstsein nicht zu erfassen" (Baecker 2006:6). Wissenschaftlich Schreibenden droht ständig eine „embarras de richesse" (Ortner 2002:77), d.h. der Untergang im Material. Der Umgang mit Komplexität erfordert deshalb mehr als die Fähigkeit zu Analyse und Synthese die Akzeptanz von Ergebnisoffenheit. *Komplexität zu managen heißt, mit Interessen, Gefühlen und begrenzten Ressourcen an Wissen und Aufmerksamkeit umgehen zu können.*

Schreibende haben über Jahrhunderte unterschiedlichste Verfahren entwickelt, um diese Komplexität zu bewältigen. Weil man sich nicht dessen bewusst war, was man tat, spielte oft magisches Denken eine große Rolle: So fand z.B. Schiller, dass er nur mit dem Geruch von faulenden Äpfeln, die er in einer Schublade seines Schreibtischs aufbewahrte, schreiben könne.

Mittlerweile wissen wir dank der Schreibprozessforschung sehr viel mehr darüber, wie Schreibende ihren Schreibprozess organisieren. So hat Hans-Peter Ortner ca. 6000 Selbstaussagen von Schreibenden untersucht, die lange Texte produzieren und dabei Neues generieren (Ortner 2000, 2002). Beim Versuch, die verschiedenen Vorgehensweisen zu klassifizieren, stellte er fest,

Ortner 2006a: 93 » ... *dass es eine spezifische Aufgabenkonstellation ist, die den Schreibenden akademischer Texte Probleme macht; dass sich die gesammelten Fälle nicht in erster Linie vom Gesichtspunkt der Entwicklungsstufen der Schreibkompetenz erklären lassen, sondern vom Gesichtspunkt der Verarbeitung von Komplexität [...].* «

Schreibende kämpfen alle mit dem Problem der Komplexität, entwickeln aber unterschiedliche Verfahren und Vorgehensweisen, um damit umzugehen. Ortner arbeitet in seiner Studie zehn unterschied-

2.3 Spontan, elaboriert, komplex

liche Schreibstrategien heraus, die er nach der Art und Weise, wie sie Arbeitsportionen, sogenannte „Aktivposten" (Ortner 2000:224), verfügbar machen, unterscheidet:

> **Zehn Schreibstrategien nach Ortner** (2000: 346ff.)
>
> ● Nicht-zerlegendes Schreiben
>   - *Flow-Schreiben*
> ● Moderat den Prozess zerlegendes Schreiben
>   - *Einen-Text-zu-einer-Idee-Schreiben*
>   - *Mehrversionen-Schreiben*
>   - *Schreiben-durch-redaktionelles-Überarbeiten*
>   - *Planendes-Schreiben*
>   - *Im-Kopf-Ausarbeiten*
> ● Stark den Prozess zerlegendes Schreiben
>   - *Schritt-für-Schritt-Schreiben*
>   - *Synkretistisches-Schreiben*
> ● Produktzerlegendes Schreiben
>   - *Textteil-Schreiben*
>   - *Puzzle-Schreiben*

Jede dieser Strategien hat die Funktion, Komplexität zu bewältigen, und jede hat Stärken und Schwächen. Für wissenschaftliche Texte hat z.B. das nicht-zerlegende Schreiben, von Ortner auch Spontanschreiben genannt, zwar einen wertvollen, aber begrenzten Wert: Kaum ein wissenschaftlicher Text wird „in einem Rutsch" heruntergeschrieben.

Ähnlich wie in der Homöopathie, wo man Gleiches mit Gleichem heilt, ist das Schreiben in der Wissenschaft zugleich das Problem, aber auch die Lösung. Schreiben schafft Komplexität und es ist, folgt man der eingangs zitierten Aussage von Luhmann, auch das Mittel, um in dieser Komplexität Erkenntnisse generieren zu können. Die Strategien „elaborierten Schreibens" (Ortner 2006a) von Wissenschaftlerinnen und Wissenschaftlern unterscheiden sich radikal von den Spontanschreibstrategien, die Studierende üblicherweise aus der

Schule mitbringen. Um Studierenden zu vermitteln, wie sie inmitten von Komplexität durch wissenschaftliche Verfahren und eine bewusste Organisation von Schreibprozessen handlungsfähig werden, sind die bereits genannten problemorientierten Aufgabenstellungen wichtig. Darüber hinaus sollten Lehrende auch mit der Besonderheit von *Schreibprozessen* vertraut sein. Dazu gibt es sehr viel hilfreiche, gut ausgearbeitete Literatur. Den wohl besten Überblick finden Sie bei Ruhmann und Kruse (2014). Ich werde im Folgenden insbesondere auf den Unterschied zwischen Spontanschreiben und elaboriertem Schreiben eingehen und mit einigen Hinweisen dazu schließen, wie Sie Strategien elaborierten Schreibens vermitteln können.

Spontanschreiben

In der Schule werden Texte nach Ortner meist im Modus des Spontanschreibens produziert. Es handelt sich dabei um kurze Texte, die in der Sprache des Alltags verfasst werden. Die Schreibenden müssen dabei verhältnismäßig wenig Wissen verarbeiten. Dieses Wissen können sie unmittelbar abrufen. Geplant wird dabei kaum; typischerweise werden die Texte Satz für Satz produziert, „in einem Rutsch" heruntergeschrieben und anschließend nicht grundlegend überarbeitet (z.B. im Hinblick auf die Gesamtstruktur). In kürzester Zeit stellen Schüler und Schülerinnen Produkte her, die dann bewertet werden.

In dieser Form des Schreibens fühlen sich Studienanfängerinnen und -anfänger kompetent. Nach den Ergebnissen einer Studienbefragung an der Universität Bielefeld bewerten sie ihre Schreibkompetenz stets positiv (Universität Bielefeld 2014:35). Erst später sehen sie sich damit konfrontiert, dass dieses Vorgehen für die Anforderungen des Schreibens an der Universität nur begrenzt geeignet ist; das erleben viele als Schock. Das ist nicht verwunderlich, denn in der Tat verlangt die Universität von Studierenden einen neuen Modus der Textproduktion: „Wer als Studierende/r akademische Arbeiten, also Langtexte schreibt, verfasst nicht einfach längere Schulaufsätze. Er/sie tut – sprachlich und kognitiv – etwas qualitativ Neues" (Ortner 2006a:77).

Elaboriertes Schreiben

Im direkten Kontrast zum Spontanschreiben charakterisiert Ortner elaboriertes Schreiben als das Schreiben von Langtexten in Fach-

2.3 Spontan, elaboriert, komplex

und Wissenschaftssprache. Gegenstand solcher Texte sind Fachthemen – Themen von wissenschaftlichem Interesse, nicht persönliche Erfahrungen. Sie verlangen Differenzierungsleistungen, die sich von denen des Alltags unterscheiden. Dafür muss eine große Menge Wissen verarbeitet werden, das zudem heterogen („aus verschiedensten Quellen stammend") und heteronom („weder sprachlich noch inhaltlich aufeinander bezogen") ist (Ortner 2006a:87). Im Anschluss an Baeckers Definition von Komplexität ist darüber hinaus zu bedenken, dass der Bestand an Wissenselementen und die Beziehungen zwischen diesen nicht stabil bleiben, weil durch das Lesen und Forschen im Prozess des Schreibens immer wieder neue Elemente hinzukommen. Die neuen Elemente können die zuvor hergestellten Beziehungen in Frage stellen.

Elaboriert schreiben erfordert, produktive Formen des Umgangs mit Komplexität zu finden. Was tun erfahrene Schreibende? Jenseits der spezifischen Strategien ist ihr Vorgehen typischerweise von Tätigkeiten und Tugenden wie den folgenden geprägt (vgl. Ortner 2006a:84ff.):

Tätigkeiten und Tugenden des elaborierten Schreibens

- **Zerlegen:** Zerlegt werden die Probleme (z.B. in Unterprobleme), der Prozess (z.B. in verschiedene Phasen) und das Produkt (z.B. durch das Schreiben von Teiltexten, die dann zusammengefügt werden).

- **Ordnen:** Wissen wird so geordnet, dass es verfügbar ist (z.B. nach vermuteter Relevanz in Stapeln, Dateiordnern etc.). Dabei werden abstrahierende Kategorien gebildet, um das Herstellen von Zusammenhängen zu erleichtern.

> **Aufmerksamkeit staffeln:** Da kognitiv immer nur eine begrenzte Wissensmenge bewältigt werden kann, muss man sich Bereichen bewusst nacheinander zuwenden. Ortner spricht von einer *Mehrfelderwirtschaft*.
>
> - **Komponieren:** Elaborierte Texte sind *Sprachwerke* (Bühler 1982). Autoren schreiben sie nicht „in einem Rutsch", indem sie Satz an Satz reihen, sondern dadurch, dass sie intensiv redigieren und die Teiltexte immer wieder neu arrangieren.
>
> - **Akzeptanz von Ungewissheit:** Elaboriertes Schreiben ist ein Schreiben mit ungewissem Ausgang. Autoren elaborierter Texte fügen Teile zu einem Ganzen zusammen, dessen Gestalt nicht im Vorhinein bekannt ist.
>
> - **Ausdauer:** Sinn und Zusammenhang des Textes stellen sich nicht von selbst ein, sondern ergeben sich daraus, dass die Wissenselemente immer wieder und ausgiebig *gedreht und gewendet* werden.

Elaboriertes Schreiben lehren

Wie können die Studierenden nun angesichts der Komplexität der Aufgabe lernen, elaboriert zu schreiben, und wie können wir sie dabei unterstützen? Eine Schwierigkeit liegt darin, dass Schreibstrategien nicht nur aufgaben-, sondern auch personenspezifisch sind. Schreibende entwickeln im Laufe der Zeit eigene, ganz individuelle Formen der Prozessabwicklung. Schwierig ist auch, dass alle Schreibenden für ihre „Ökonomie der Komplexität" (Baecker 2013:7) Fähigkeiten brauchen, die man kaum operationalisieren kann. Was

2.3 Spontan, elaboriert, komplex

Schreibende vor allem entwickeln müssen, ist eine Art erfahrungsgesättigtes Urteilsvermögen, das sie z.b. dazu befähigt, zu entscheiden (ebd.),

- wann man sich mit welchen Fragen beschäftigt und wann nicht.
- mit wem man sich über eine Frage auseinandersetzt und mit wem nicht.
- wie tief man in einen Sachverhalt einsteigt und wann man es gut sein lässt.

Direkt vermitteln lassen sich diese individuellen Schreibstrategien also nicht. Hochschulen und Lehrende können aber die *Voraussetzungen* schaffen, damit Studierende die Fähigkeiten erwerben können, die sie zum elaborierten Schreiben brauchen:

1. **Systematisch Schreibanlässe schaffen**, und zwar über den gesamten Studienverlauf hinweg. Denn: Man lernt Schreiben nur durch Schreiben. Deshalb sollten Studierende Gelegenheit haben, in und zwischen den Sitzungen einer Veranstaltung regelmäßig zu schreiben. Sie finden in diesem Buch viele Anregungen für Schreibanlässe, die das Lernen von Studierenden fördern, aber auch Ihre Zeitökonomie berücksichtigen. Wenn Sie systematisch Schreibanlässe schaffen, erhöht sich dadurch nicht zwangsläufig Ihr Aufwand für Betreuung und Rückmeldung.

2. **Von disziplinären Fragen und Problemen ausgehen.** Bei der Behandlung eines Themas im Referat oder in der Seminararbeit beschränken sich Studierende häufig darauf, Wissen wiederzugeben. Gerade zu Beginn des Studiums müssen viele erst lernen, wie eine Disziplin fragt und Probleme bearbeitet. Es kann deshalb hilfreich sein, Aufgaben zu entwickeln, die nicht von Themen, sondern von Fragen und Problemen ausgehen. Dadurch sind Studierende gefordert, in Auseinandersetzung mit der Literatur vorläufige Lösungen zu entwickeln, statt absolute Antworten zu suchen. Probleme können ein Ausgangspunkt sowohl für Leseaufgaben (vgl. 4.2) als auch für informell-exploratives Schreiben (vgl. 5.2) und forschendes Schreiben sein (vgl. 6.1).

3. **Komplexität der Schreibaufgaben variieren und staffeln.** Wenn Studierende an die Hochschule kommen, sind sie in der Regel gut darin, spontan Kurztexte zu verfassen. Zu den Textsorten, die sie am häufigsten nutzen, gehören nach Ergebnissen der Stand-

ford-Studie E-Mails und andere Formen der elektronischen Kommunikation (Girgensohn & Sennewald 2012:69f.). Die Autorinnen der Studie betonen, dass das Schreiben in elektronischen Medien literale Kompetenzen fördere, weil die Studierenden sich in Stil, Ton und Format auf unterschiedliche Adressaten einstellen müssen. Aktivitäten des Spontanschreibens können also in der fachlichen Lehre gut genutzt werden. Studierende praktizieren etwas, das sie bereits gut können, um einen ersten Zugang zu neuen Inhalten zu gewinnen (vgl. Kap. 5.1). Das informell-explorative Schreiben hilft Studierenden, die Kluft zwischen Alltagssprache und Fachsprache zu überbrücken, z.B. indem sie durch das Schreiben mehrerer spontaner Textentwürfe zu einem Thema nach und nach einen Gedanken entwickeln.

Für den Erwerb von Fähigkeiten elaborierten Schreibens sind die durch die elektronische Kurztextkommunikation erworbenen Routinen aber vermutlich nur bedingt geeignet. Studierende brauchen zusätzlich zu Spontanschreibaktivitäten auch Gelegenheiten und Anlässe zum Schreiben von Langtexten. Kapitel 6.1 zeigt, wie Haus- und Seminararbeiten als forschendes Schreiben angelegt werden können.

4. **Teilschritte im Schreibprozess thematisieren und Reflexion darüber anregen.** Noch in den 1990er Jahren herrschte an deutschen Hochschulen „Schweigen über das Schreiben" (Haacke & Frank 2006), darüber zu sprechen war unüblich. Mittlerweile gibt es eine Fülle von Ratgebern und Handreichungen zum Schreiben. Die helfen aber nur, wenn Studierende Gelegenheit erhalten, ihre eigenen Vorgehensweisen mit den dort empfohlenen Strategien abzugleichen. Ratgeber empfehlen häufig Methoden unabhängig von der jeweiligen Aufgabe und Person und „unterschlagen, daß Wissenschaft keine bloße Anwendung technischer Operationen, sondern eine spezifische gesellschaftliche Praxisform mit spezifischen Regelsystemen und normativen Vorgaben ist" (Rückriem & Stary 1996:96). Erfolgversprechender ist, Studierenden in einer konkreten Situation mögliche Vorgehensweisen zu zeigen. Sie könnten z.B. berichten, wie Sie selbst beim Schreiben vorgehen. Ihre Strategien sind auch idiosynkratisch, sie können aber als eine Möglichkeit vorgestellt werden, die mit Alternativen verbunden, diskutiert und reflektiert wird.

5. **Fachliche Vorgehensweisen thematisieren.** Lehrende haben gegenüber fachübergreifenden Ratgebern den Vorteil, dass sie

2.3 Spontan, elaboriert, komplex

Schreibexperten und -expertinnen in ihrem Fach sind. Untersuchungen zur Arbeitsweise von Wissenschaftlerinnen und Wissenschaftlern zeigen, dass deren Vorgehen z.B. beim Lesen von Fachliteratur hoch standardisiert ist – auch wenn ihnen dies meist nicht bewusst ist (Neumann 2013). Weitere Informationen, wie diese Arbeitsweisen expliziert und vermittelt werden können, finden Sie im folgenden Kapitel.

3 Das Schreiben in der Lehre vorbereiten

Schreiben führt in einen ergebnisoffenen Prozess, so wie Lehre auch. Man weiß am Anfang noch nicht, was am Ende dabei herauskommen wird. Dennoch kann man einiges tun, um bestimmte Ergebnisse wahrscheinlicher zu machen. Es gilt also schreib- und lernförderliche Bedingungen zu schaffen und einen Rahmen abzustecken, in dem Eigenständigkeit und Kreativität von Studierenden sich mit fachlichem Lernen verbinden.

3.1 Lehre, was Du tust: die eigene Schreibpraxis erkunden

Vor Kurzem war ich in den USA und sollte Auto fahren. Kein Problem, dachte ich, Auto fahren kann ich! Und los ging die Fahrt. Erst als ich mich der ersten Kreuzung näherte, kamen Fragen auf: Gilt hier rechts vor links? Wie verhalte ich mich im Kreisverkehr? Ähnlich ergeht es Studierenden, wenn sie von Lehrenden Arbeitsaufträge wie „Lesen Sie Text X" erhalten. Erste Reaktion: Lesen kann ich! Und dann stellt sich häufig heraus, dass gewohnte Vorgehensweisen nicht funktionieren. Allerdings sind die Tätigkeiten und Verfahren der Wissenschaften ungleich komplexer als die Regeln des Straßenverkehrs. Auch erfahrene Wissenschaftlerinnen und Wissenschaftler können oft nicht ohne Weiteres erklären, wie sie selbst beim Schreiben vorgehen. Nicht etwa, weil sie nicht wüssten, wie es geht, sondern weil die disziplinspezifischen Fragen und ihre Bearbeitung im Laufe der wissenschaftlichen Sozialisation einfach so selbstverständlich geworden sind. Beobachten, Experimentieren, Lesen, Messen, Beschreiben, Erklären, Verstehen, Abstrahieren, Entwerfen, Bewerten, Planen: Hinter diesen auch alltagsweltlich gebrauchten Begriffen verbergen sich spezifische Operationen, die den Studierenden fremd sind. In der neuen Aufgabenwelt brauchen sie einen Fremdenführer. Um beim Beispiel „Lesen" zu bleiben: Wie lesen Sie Ihre Fachtexte? Historikerinnen etwa lesen bei Quellentexten die ersten Zeilen, dann prüfen sie Herkunft und Entstehungszeit des Textes und bestimmen die Gattung (Wineburg 2003). Chemiker beginnen beim Lesen von Artikeln mit den Grafiken. Viele Philosophinnen konzentrieren sich auf die Struktur des Arguments.

Wenn wir also Studierende auffordern, einen Text zu lesen, erwarten wir je nach Herkunftsdisziplin eine spezifische Tätigkeit. Das gilt auch für „Schreibt einen Text X", „Wertet Daten aus", „Plant eine empirische Untersuchung" u.v.m. Bleibt die Aufgabenstellung so allgemein, entstehen leicht Missverständnisse. Die Studierenden tun das, was ihnen nach ihren alltagsweltlichen oder schulischen Erfahrungen folgerichtig erscheint, und enttäuschen die Erwartungen von Lehrenden. Produktiv nutzen lassen sich solche Missverständnisse, indem man sie als Anlass für ein Gespräch darüber nutzt, wie Wissenschaftlerinnen und Wissenschaftler im jeweiligen Fach Erkenntnisse generieren und kommunizieren. Wenn Studierende also nicht das tun, was Sie von ihnen erwarten, könnten Sie sich fragen: Was genau ist es, was die Studierenden an dieser Stelle nicht verstehen oder nicht können? Was genau habe ich eigentlich von ihnen erwartet?

Selbstreflexion führt zu besseren Anleitungen und Aufgaben. David Pace und Joan Middendorf haben ein Verfahren entwickelt, das sie „Decoding the Disciplines" nennen (Pace & Middendorf 2004). Es umfasst sieben Schritte:

Decoding the Disciplines: 7 Schritte zur Entwicklung von Schreib- und Arbeitsaufträgen

Schritt 1: *Was ist eine konkrete Herausforderung, ein „Lern-Engpass" von Studierenden in einer bestimmten Veranstaltung?*
Identifizieren Sie eine Schwierigkeit, die Sie beobachten, wenn Studierende sich mit fachlichen Themen und Fragen befassen.

3.1 Lehre, was Du tust: die eigene Schreibpraxis erkunden

Schritt 2: *Wie löst eine Expertin im Fach diese Probleme?*
Beschreiben Sie möglichst detailgenau, wie eine Expertin im Fach die Aufgabe bearbeiten würde, deren fachgerechte Lösung Studierenden Schwierigkeiten bereitet.

Schritt 3: *Wie kann man diese Form der Problemlösung für die Studierenden modellieren?*
Überlegen Sie, wie Sie Ihre Form der Problemlösung für Studierende sichtbar und nachvollziehbar machen können.

Schritt 4: *Wie können die Studierenden die entsprechenden Fähigkeiten üben und Rückmeldung erhalten?*
Konzipieren Sie Arbeitsaufträge, mit denen Ihre Studierenden die Fähigkeit trainieren, mit dem Know-how von Experten/Expertinnen im Fach Probleme zu lösen.

Schritt 5: *Was motiviert die Studierenden?*
Berücksichtigen Sie in Ihrem Arbeitsauftrag auch grundlegende Faktoren zur Motivation (z.B. individuelle Bedeutsamkeit).

Schritt 6: *Wie gut bewältigen die Studierenden die Lernherausforderungen?*
Entwickeln Sie Prüfungsformen, mit denen Sie bewerten, inwieweit es den Studierenden gelingt, die in Schritt 1 und 2 identifizierten Herausforderungen zu bewältigen.

> **Schritt 7:** *Wie kann ich meine Erfahrungen mit anderen Lehrenden teilen?*
> Ihre Erfahrungen mit der Umsetzung der Schritte 1-6 mit Kollegen und Kolleginnen zu teilen, kann Sie dabei unterstützen, Ihre Lehrstrategien und -konzepte kontinuierlich zu verbessern.

Die ersten beiden Schritte werden im Folgenden detaillierter beschrieben, um zu zeigen, wie die Reflexion der Arbeitsweise zu einem besseren Verständnis des eigenen Vorgehens und präziseren Aufgabenstellungen beitragen kann.

Im ersten Schritt des Decoding-Verfahrens identifizieren Lehrende typische Probleme von Studierenden beim fachlichen Lernen. Als „bottlenecks of learning" bezeichnen Pace und Middendorf (2004) Konzepte oder Tätigkeiten im Fach, die den Studierenden Schwierigkeiten bereiten, und zwar so sehr, dass viele daran scheitern. Sie müssen also durch diesen „Flaschenhals", um fachlich weiterzukommen. Ich spreche hier im Folgenden lieber von Lernhindernissen, eine Metapher, die weniger an die Enge eines Nürnberger Trichters erinnert. Es kann viele und sehr unterschiedliche Lernhindernisse geben und wenn eines wegfällt, wird dafür häufig das nächste sichtbar.

In einem zweiten Schritt reflektieren Lehrende, wie sie selbst als Vertreterinnen ihres Fachs vorgehen. Hierfür ist es hilfreich, dieses Vorgehen einem fachfremden Kollegen zu erklären. Ein Professor der Germanistik ist im Fach Chemie genauso Novize wie eine Studienanfängerin. Es empfiehlt sich, den Klärungsprozess nicht zu schnell zu beenden, sondern sich in einer Art hermeneutischen Spirale immer tiefer in die Frage „Was tue ich selbst? Wie gehe ich dabei vor?" hineinzubegeben. So entwickelt man nach und nach auch ein differenziertes Vokabular zur Beschreibung des eigenen Vorgehens. Es ist dann auch möglich, zu präzisieren, an welcher Stelle Studierende anders vorgehen, als man es als Fachexperte oder Fachexpertin tun würde, und kommt so von einer vagen zu einer konkreten Beschreibung der Lernhindernisse:

3.1 Lehre, was Du tust: die eigene Schreibpraxis erkunden

> **Lernhindernisse vage/konkret**
> Beispiele für die Formulierung von Lernhindernissen
>
> ○ **Vage:** Studierende können keine Texte interpretieren.
>
> ● **Konkret:** Studierende der Literaturwissenschaft haben Schwierigkeiten mit fundierter Textinterpretation. Beständig überspringen sie die detaillierte Textbeobachtung und Textbeschreibung und kommen so nur zu schwachen Interpretationen.
>
> ○ **Vage:** Studierende haben Schwierigkeiten, vom Faktenwissen zu einem tieferen Verständnis biologischer Prozesse zu gelangen.
>
> ● **Konkret:** Studierende haben Schwierigkeiten, Chromosome zu visualisieren und die Vorgänge der Mitose und Meiose vorherzusagen.

Lernhindernisse sind komplex. Das wird oft erst durch die Explizierung des eigenen Vorgehens klar. Die Schwierigkeiten können auf ganz unterschiedlichen Ebenen angesiedelt sein. Folgende Aussagen von Lehrenden verdeutlichen unterschiedliche Ebenen von Lernhindernissen (nach Bean 2013; Übers. S. Lahm):

Lernhindernisse auf verschiedenen Ebenen nach John Bean (2013); Übers. S. Lahm

Schwieriges Konzept:
Operante Konditionierung scheint meine Studierenden zu verwirren. Sie sind gewöhnt, Verhalten der intrinsischen Motivation zuzuschreiben, und haben deshalb Schwierigkeiten, die realen Implikationen des Behaviorismus zu verstehen. Sie lernen Begriffe wie Reiz, Reaktion, Kontingenz usw. Aber sie denken am Ende immer noch, dass Hunde mit dem Schwanz wedeln, weil sie überglücklich sind, ihr Herrchen zu sehen. Sie mögen sich keinen Determinismus vorstellen. Vielleicht macht ihnen das Angst. Auf jeden Fall scheinen sie die Begriffe auswendig zu lernen, ohne sich der Implikationen einer Welt ohne Freiheit bewusst zu sein.
– *Psychologie-Dozent*

Schwierige Denkfähigkeit:
Meine Studierenden schlussfolgern zu schnell. Ich gebe ihnen ein Fallproblem mit vielen Variablen. Sie sehen sich diese Variablen aber nicht systematisch an [gibt ein Beispiel]. Sie denken nicht über die Stärken und Schwächen alternativer Ansätze oder Lösungen nach. Sie wollen mit einem Problem nicht kämpfen und scheinen mit der ersten Antwort, die ihnen einfällt, zufrieden.
– *Wirtschaftsdozentin*

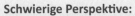

> **Schwierige Perspektive:**
> Meine Studierenden erkennen die *Unnatürlichkeit* von sozialen Codes nicht, wie z.B. Dresscodes. Sie denken, sie entscheiden frei, ohne zu sehen, dass der Glaube an die „freie" Entscheidung selbst sozial konstruiert ist. Ich möchte ihnen helfen, diese Codes zu erkennen. Sie sollen verstehen, dass Werbung nicht nur Bedürfnisse konstruiert, sondern dass sie auch den Verbraucher selbst als auf Konsum angewiesen konstruiert.
> – *Dozent Kommunikationswissenschaft*
>
>

Wenn etwas nicht funktioniert, suchen wir normalerweise nach Ursachen. In dem Decoding-Verfahren geht man anders vor. Man fragt nicht nach den Ursachen für die Schwierigkeiten von Studierenden, sondern verwendet die ganze Aufmerksamkeit darauf, zu klären, was man von ihnen erwartet. Oft wird erst durch das Explizieren des eigenen Vorgehens deutlich, worauf es uns eigentlich ankommt. Meist haben wir das auch mitgedacht, aber eben nicht ausgesprochen. Im zweiten Schritt des Decoding-Verfahrens explizieren Lehrende deshalb, was sie selbst tun. Didaktische Strategien entwickeln sie erst in den späteren Schritten. Die folgende Liste von Fragen kann man nutzen, um über das eigene Vorgehen schriftlich nachzudenken (zum Einsatz der Übung in Workshops vgl. Lahm & Kaduk 2016). Die Fragen laden absichtlich zur Rekursivität ein:

ÜBUNG — Lehrende

Fragen zur Explizierung fachlicher Denk- und Arbeitsweisen

1. **Lernhindernis bestimmen**
   Fragen Sie sich: In welchen Situationen scheitern die Studierenden in meinen Lehrveranstaltungen? Welche (Prüfungs-)Aufgaben können sie nicht bewältigen?
   Listen Sie einige Lernhindernisse auf. Entscheiden Sie sich dann für eines, das Sie wirklich beschäftigt.

2. **Lernhindernis erklären**
   Beschreiben Sie das Lernhindernis möglichst genau: Was machen die Studierenden falsch? Was verstehen sie falsch?
   Wie ist das Lernhindernis genau beschaffen?

3. **Was tun Sie selbst?**
   Fragen Sie sich z.B.: Wie gehe ich selbst mit diesem Problem um?
   Beschreiben Sie, was Sie als Profi in Ihrem Fach tun, damit Sie an dieser Stelle nicht stecken bleiben.

4. **Überprüfen**
   Schauen Sie sich das Lernhindernis an und fragen Sie sich:
   Ist es zu groß gewählt? Zu klein? Zu vage?
   Ist es wirklich essentiell für mein Fach oder meine LV?
   Beschreiben Sie das Lernhindernis noch einmal so genau wie möglich. Fragen Sie sich dabei:

3.1 Lehre, was Du tust: die eigene Schreibpraxis erkunden

Ist das Lernhindernis mit Missverständnissen über mein Fach verbunden?

5. **Wie Profis vorgehen**
   Versuchen Sie, noch genauer zu beschreiben, wie ein Profi in Ihrer Fachdisziplin vorgeht, wenn Sie mit dem Problem konfrontiert sind: Welche Schritte würde ein Profi vornehmen, um die Aufgabe zu bewältigen?
   Was würde er/sie tun?
   Viele dieser Schritte mögen für Sie so selbstverständlich sein, dass sie Ihnen nicht bewusst sind. Versuchen Sie, diese Schritte bewusstzumachen und große Schritte in möglichst viele Teilschritte herunterzubrechen.

   Beispiel: Eine Germanistin sagt: Die Studierenden müssen erst beobachten, bevor sie interpretieren. Die nächste Frage wäre: Was tut eine Germanistin, wenn sie *beobachtet*?

6. **Feedback einholen (1)**
   Erklären Sie das Lernhindernis einer Kollegin aus einem anderen Fach. Beschreiben Sie dann, was Sie als Profi tun. Die Kollegin fragt nach, wenn sie etwas nicht verstanden hat.

7. **Feedback einholen (2)**
   Nun bitten Sie die Kollegin in ihren Worten wiederzugeben, wie sie das Lernhindernis und Ihr Vorgehen verstanden hat. Wenn Ihre Kollegin ebenfalls mit einem Lernhindernis beschäftigt ist, können Sie im Anschluss die Rollen tauschen.

8. **Weiterschreiben**
   Kehren Sie nun zu Ihrem Text zurück und lesen Sie, was Sie bisher geschrieben haben.
   Versuchen Sie, noch klarer zu werden:
   Was tue ich? Wie genau? Welche Schritte folgen aufeinander? Bleiben Sie weiterhin bei der Beschreibung Ihrer Problemlösung. Es geht nicht darum, zu erklären, wie Sie anderen diese Schritte beibringen würden, nur darum, die Schritte selbst präzise zu beschreiben.

9. **Schwierigkeiten aufspüren**
   Fragen Sie sich: Gibt es etwas, dass dieses Thema für mich schwirig macht?
   Wenn ja, was ist das?
   Machen Sie sich auch dazu Notizen.

10. **Weiterschreiben**
    Beschreiben Sie weiter Ihr Vorgehen. Wenn Sie merken, dass Sie stoppen, fragen Sie sich:
    Was fehlt? Was habe ich noch nicht gesagt?

11. **Überprüfen**
    Fragen Sie sich: Fühlt sich das komplett an?
    Falls JA: Prüfen Sie noch einmal, woran Sie das merken, und schreiben Sie dazu etwas auf.
    Falls NEIN: Überlegen Sie: Was fehlt? Welche Schritte sind noch zu groß oder zu unklar?

12. **Den Prozess reflektieren**
    Halten Sie in ein bis zwei Sätzen für sich fest, was bis jetzt durch das Verfolgen der einzelnen Reflexionsschritte entstanden ist.

ÜBUNG

Übung 3: Schreibend eigene Denk- und Arbeitsweisen reflektieren

Die Selbstreflexion macht bewusst, welche Fähigkeiten man von Studierenden erwartet, und es entstehen Worte und Formulierungen, um diese Fähigkeiten zu beschreiben. Wenn Sie die Fragen eben ausprobiert haben, verfügen Sie über eine Menge Sprachmaterial, das nun genutzt werden kann, um Studierende an das Denken und Arbeiten im Fach heranzuführen.

Der Weg zu einer passenden Schreibaufgabe ist nun auch nicht mehr weit. Sie müssen sich nur überlegen, in welcher Art von Text genau die Dinge getan werden müssen, die Ihre Studierenden lernen sollen. Das kann z.B. ein Interviewleitfaden sein, ein Beobachtungsprotokoll, ein Exzerpt oder eine Versuchsdokumentation. Durch Nachdenken über professionelle Textsorten klärt man, in welcher Art von Produkten sichtbar wird, ob Studierende sich bestimmte Fähigkeiten angeeignet haben. Diese Textsorten wissenschaftlichen Arbeitens eignen sich daher sehr gut als Schreibanlässe für Studierende.

Wer eine interessante Textsorte identifiziert hat, sollte anhand von *Beispielen* mit Studierenden die Schlüsselmerkmale der Textsorte analysieren und in einem *Leitfaden* die zentralen Merkmale zusammenfassen. Anschaulichkeit ist hier sehr wichtig, damit Studierende im wahrsten Sinne des Wortes *sehen* können, worauf es ankommt. Darüber hinaus brauchen Studierende verschiedene Gelegenheiten, um *das Schreiben einer solchen Textsorte zu trainieren*. Hier einige Hinweise für die Arbeit mit Beispielen und dafür, wie man einen Leitfaden erstellen und für Schreibanlässe sorgen kann.

Beispiele analysieren

Gute Beispieltexte finden sich überall, sei es in Fachzeitschriften oder auf der Festplatte. Zeigen und erklären Sie Ihren Studierenden anhand der Beispiele die Methodik hinter der Form. Denn genau daran scheitern Studierende häufig: Sie verstehen den Sinn nicht, der hinter der Form steht, und so imitieren sie einfach nur die Oberfläche. Sie können Studierenden z.B. mit den Beispieltexten arbeiten lassen, indem sie folgende Fragen beantworten:

- Was ist der primäre Zweck des Texts? Was sind mögliche sekundäre Zwecke?
- Wer ist die Zielgruppe? Welche Annahmen über die Zielgruppe scheint der Autor oder die Autorin zu haben?
- Was ist die Logik hinter dem Gesamtaufbau des Textes?

- Welche Informationen werden benötigt, um die jeweiligen Abschnitte zu schreiben? Wie kommt man an diese Informationen?
- Was fällt an der Sprache, dem Stil und der Länge jedes Textteils auf?
- Welche Merkmale hat dieser Text im Vergleich zu anderen Texten, die bereits im Studium geschrieben wurden?
- Wie bezieht sich der Autor oder die Autorin auf externe Quellen? Wie zitiert er bzw. sie?

Sind diese Fragen zu anspruchsvoll, können Studierende etwas einfacher einsteigen, indem sie die Gliederung herausarbeiten und für jeden Abschnitt Hauptaussage und Ziele benennen.

Einen Leitfaden erstellen

Nach der Analyse der Beispieltexte mit den Studierenden haben Sie bereits alle Informationen für einen Leitfaden. Sammeln Sie diese Informationen und bereiten Sie diese schriftlich auf. Das können Sie auch gemeinsam mit Ihren Studierenden tun.

Ein guter Leitfaden unterstützt Studierende nicht nur beim Verfassen des Textes. Er hilft ihnen auch, sich gegenseitig Rückmeldung auf Textentwürfe zu geben, und erleichtert Ihnen als Dozent oder Dozentin selbst Bewertung und Feedback.

> **3. AUSWAHL DES PRAKTISCHEN SCHWERPUNKTES UND DER THEORIE**
>
> „Bei so vielen Praxiseindrücken, wie wir sie in vier Wochen in der Schule sammeln dürfen, vergessen wir schnell, uns selbst zu hinterfragen. Wir warten eher auf die Rückmeldungen von Anderen, also den SchülerInnen und LehrerInnen. Genauso wichtig ist es aber, dass ich für mich über die Situation nachdenke. Dabei hat mir der OPS-Bericht geholfen." – O-Ton von Laura, 5. Semester BiWi
>
> Der Dreh- und Angelpunkt Ihres OPS-Berichtes ist eine konkrete Erfahrung, die Sie differenziert betrachten. Bei der Auswahl entscheiden Sie individuell, welcher Schwerpunkt Sie persönlich interessiert. Es muss sich dabei nicht notwendigerweise um eine konkrete Situation handeln. Die Analyse eines Dokumentes oder die krite- ´ngeleitete Auseinandersetzung mit dem Schulprofi˙ gleichermaßen wie die Untersuchung von U˙ obachtungen. [...]

Abb. 3: Auszug aus Leitfaden (Witt 2014); eigene Grafik

Schreibanlässe schaffen

Studierende können die Hinweise im Leitfaden nicht beim ersten Mal umsetzen, dazu sind die Anforderungen an „Expert Insider Prose" zu hoch. Die Frage ist also, wie sie die Aufgabe und die besondere Textform in der Veranstaltung kennenlernen können. Hierfür bieten sich Übungen zum informell-explorativen Schreiben (vgl. 5.1) an, insbesondere das „Schreiben in Variationen". Um Überforderung zu vermeiden, können Lehrende die Aufgabe auch in Teilaufgaben zerlegen und damit die Anforderungen staffeln. So lässt eine Literaturwissenschaftlerin in Bielefeld ihre Studierenden Filmkritiken schreiben und steigert nach und nach die Zahl der Aspekte, die darin berücksichtigt werden müssen.

Schreibaufträge mit angemessener Komplexität zu entwickeln, ist eine Kunst. Die Aufgabenstellung soll die Studierenden beim Schreiben unterstützen. Das ist aber nur die eine Seite der Medaille. Die andere Seite ist, Studierende so zu fordern, dass sie das Beste aus sich herausholen. Einige Anregungen dazu finden Sie im nächsten Kapitel.

3.2 Die Latte hochhängen: anspruchsvolle Schreib- und Arbeitsaufträge entwickeln

Wie rege ich meine Studierenden zu intensivem Nachdenken an? Wie lernen sie, Probleme des Fachs zu bearbeiten? Wodurch kann ich sie motivieren? Drei Fragen, eine Antwort: durch gute Aufgaben. Diese verkörpern nach Oelkers und Reusser „jene Wissens- und Könnenskomponenten, lösen jene Denk- und Arbeitsprozesse aus und aktivieren jene analytischen und synthetischen Figuren des Problemlösens, Argumentierens, Betrachtens und Deutens, um die es in einem bestimmten Fach im Kern geht und die dessen intellektuelle Kultur ausmachen" (Oelkers & Reusser 2008:408). Die Aufgabenentwicklung beginnt also wie in Kapitel 2.3 beschrieben damit, sich zu fragen, was Studierende in einem Fach genau lernen sollen. Welche Formen des Argumentierens und Problemlösens sollen sie sich aneignen? Welche intellektuellen Fähigkeiten sollen sie entwickeln?

Mit Schreibaufgaben motivieren

Aufgaben haben darüber hinaus eine ganz entscheidende Wirkung für die Motivation von Studierenden. Überlegen Sie zunächst einen Moment für sich selbst, wann Sie eine Aufgabe reizt und Ihr Interesse weckt. Was spricht Sie an? Interesse (latein. „inter esse") ist ein Dazwischensein und das erzeugt einen Spannungszustand, der nicht als unangenehm, sondern eher als anregend empfunden wird. Man befindet sich zwischen Problem und Lösung, zwischen Frage und Antwort und dieses Dazwischensein setzt Lernprozesse in Gang.

Gute Aufgaben wecken Interesse. Sie setzen Ziele, die anspruchsvoll sind und nicht ganz einfach zu erreichen – kurz: Sie „hängen die Latte hoch". Darüber hinaus werden Studierende in ihnen als kompetentes Gegenüber angesprochen. Das gelingt am besten durch Aufgaben, die die Anforderungen klar kommunizieren, aber nicht gängeln. Sie brauchen also nicht jeden einzelnen Schritt erklären und vorgeben. Gehen Sie von sich selbst aus: Wie wollen Sie gern angesprochen werden? Welche Informationen würden Sie benötigen, um diese anspruchsvolle Aufgabe zu bearbeiten? Was motiviert Sie?

Teilnehmende in unseren Seminaren sind sich meist einig: Gute Aufgaben betonen den Raum für eigene Ideen und die Freiheit zur Gestaltung. Aber Studierende brauchen klare Vorgaben, um in der Freiheit nicht zu scheitern. Gute Aufgaben setzen Grenzen und schaffen genau dadurch auch Gestaltungsspielräume.

Neben Freiheit gibt es noch ein weiteres wichtiges Moment, das intellektuell anspornt: das Interesse von anderen. Schreib- und Arbeitsaufträge funktionieren in dieser Hinsicht ebenso wie andere Texte auch: Man möchte seine Leserschaft erreichen und eine Antwort bekommen. Achten Sie bei der Entwicklung von Schreibaufträgen deshalb von Anfang an darauf, zu klären, wer den Text am Ende lesen wird und wie in der Veranstaltung damit weiter gearbeitet wird.

Ein Beispiel für einen Schreibauftrag aus der Philosophie:
Wie so ein Auftrag aussehen kann, zeigt das folgende Beispiel eines Schreibauftrags für Studierende, die im zweiten Semester im BA-Studiengang Philosophie studieren. Die Aufgabe hat der Philosoph Oliver Schliemann entwickelt.

3.2 Die Latte hochhängen

• ÜBUNG •

**„Brief an einen Freund",
BA Philosophie**

Studierende

Lieber Student, liebe Studentin,

Zweck der Übung
Diese Übung soll dazu dienen, das Thema dieses Kurses in Ihrem Denken zu verankern. Sie kann ein erster Schritt sein, Ihr Abschlussessay zu schreiben, da es Ihnen hilft, darüber nachzudenken, was Sie unabhängig von den Argumenten und Aussagen der Philosophen, die wir lesen werden, über das Thema dieses Kurses denken. In diesem Sinne ist die Übung als Einführung in diesen Kurs gedacht.

Aufgabe
Wie Sie alle wissen, ist die Frage dieses Kurses, ob es jemals erlaubt ist, zu lügen. Auf den ersten Blick gibt es auf diese Frage drei mögliche Antworten. Sie können dazu neigen, zu sagen, dass es

- niemals erlaubt ist, zu lügen, zu keiner Gelegenheit und ohne eine einzige Ausnahme,
- in den meisten Fällen nicht erlaubt ist, zu lügen, doch dass es bestimmte Ausnahmen zu dieser allgemeinen Regel gibt,
- keine ernsthafte Regel gibt, die jemandem das Lügen verbieten könnte.

Leserschaft
Stellen Sie sich einen Freund von Ihnen vor, der Ihnen eine E-Mail geschrieben hat, in der er Ihnen

> davon berichtet, dass er vor Kurzem in einer Situation war, in der er sich entscheiden musste, ob er lügen sollte oder nicht. Stellen Sie sich des Weiteren vor, dass er sich in dieser Situation an einer der drei Positionen orientiert hat, die nicht Ihre eigene ist.
>
> **Textart**
> Sie antworten Ihrem Freund ebenfalls in einer E-Mail. Sie versuchen, ihn davon zu überzeugen, dass seine Position falsch ist und dass er lieber Ihre Position akzeptieren sollte (weil das natürlich die richtige ist).
>
> Beginnen Sie mit einer Einleitung, in der Sie die Position Ihres Freundes kurz zusammenfassen, ihm sagen, dass Sie nicht seiner Meinung sind, und ihm sagen werden, warum das so ist. Sie sollten dann Ihre Gründe und Einwände darlegen und mit einem zusammenfassenden Absatz schließen. Für diese Aufgabe haben Sie eine Viertelstunde Zeit. Anschließend würde ich Ihre Meinung gerne mit Ihnen diskutieren.

— ÜBUNG —

Übung für Studierende 1: Brief an einen Freund von Oliver Schliemann (2012)

In diesem Schreibauftrag spricht der Lehrende seine Adressatinnen und Adressaten direkt an, erläutert das Ziel und stellt auch einen Bezug zu den Zielen des Kurses insgesamt her.

Die Aufgabe hat die Form einer Frage: Darf man jemals lügen? Diese Frage weckt Interesse. Fragen, die Denkenergie freisetzen, bezeichnet Ken Bain als „Beautiful Questions" (Bain 2004:100). Hier einige „schöne" Fragen von einem Lehrenden in den Kognitionswissenschaften:

3.2 Die Latte hochhängen

> **ÜBUNG**
>
> **Beispiele**
> **Beautiful Questions**
>
> *Studierende*
>
> Listed below are suggestions for the sorts of questions you might consider. You'll notice that they are deliberately quite open and vague. We'll narrow them down as the course progresses. [...]
>
> 1. Is consciousness something science can study?
> 2. Can computers have minds?
> 3. Does our language determine the way we think, or does the way we think determine our language?
> 4. Can chaos theory and/or complexity theory inform our understanding of the mind?
> 5. Is language learned or innate?
>
> [...]
>
> **ÜBUNG**

Übung für Studierende 2: Beautiful Questions (aus: Spivey 2006:133)

Es handelt sich hier um lauter offene Fragen, die genau jenes Suchen, Nachfragen und Forschen stimulieren, das wir uns von Studierenden wünschen.

Zurück zum Philosophie-Beispiel: Der Lehrende hätte die Frage „Darf man jemals lügen?" auch „einfach so" stellen können. Er wählt aber eine andere Strategie, indem er eine rhetorische Situation konstruiert: Die Studierenden schreiben eine E-Mail an einen Freund, und zwar als Antwort auf *dessen* Position zu der Frage. Damit fordert er eine komplexere kognitive Leistung von seinen Studierenden, als wenn sie einfach nur ihre Meinung äußern sollten. Indem sie die Position des Freundes konstruieren und sich ihre Reaktion darauf überlegen, vollziehen sie eine typische Sprachhandlung wissenschaftlichen Schreibens, die Graff und Birkenstein (2006) als „They Say – I Say" bezeichnen. Sie werden aufgefordert, differenziert zu argumentieren, auch wenn es sich bei E-Mails um eine eher informelle Textsorte handelt.

Nach Bean bewegen sich Schreibende immer in zwei Problembereichen zugleich: dem inhaltlichen und dem rhetorischen. Für jeden dieser Bereiche stellen sich unterschiedliche Fragen (aus: Bean 2003; Übers. S. Lahm):

> **Inhaltliche Fragen**
>
> - Um welches Problem geht es?
> - Warum ist dieses Problem wichtig? Was ist daran problematisch?
> - Was weiß man bereits über dieses Problem?
> - Was haben andere darüber gesagt bzw. geschrieben?
> - Was sind relevante Daten für dieses Problem?
> - Wie kann ich es erforschen?
> - Was sind relevante Annahmen, Werte, Theorien, die bei der Bearbeitung des Problems zu berücksichtigen sind?
> - Was sind andere mögliche Sichtweisen?
> - Was ist nach dem jetzigen Stand meiner Recherche die bestmögliche Lösung?
> - Was sind mögliche Konsequenzen der unterschiedlichen Lösungsansätze für das Problem?

3.2 Die Latte hochhängen

> **Rhetorische Fragen**
>
> - Was ist das Ziel meines Textes (informieren, analysieren, überzeugen)?
> - Wer sind meine Adressaten? Wie schätze ich ihre Expertise ein? Wie viel wissen sie bereits über das Problem, das ich behandele? Hat es für sie bereits eine Bedeutung?
> - Wie kann ich meinen Text auf die Bedürfnisse und Erwartungen meiner Leser/Leserinnen ausrichten?
> - Was für einen Stil und welche Sprache sollte ich benutzen? (Kann ich „ich" sagen? Formale oder informelle Sprache? Fachvokabular oder nicht?)
> - Was sind die Merkmale und Grenzen des Formats, in dem ich schreibe?
> - Wie sollte der Text strukturiert sein?
> - Wie sollte der Text gestaltet sein (Überschriften, Absätze etc.)?

Schreibende brauchen einen definierten rhetorischen Kontext, um produktiv sein zu können (vgl. 2.1). Deshalb sollten Aufgaben immer ein Problem oder eine Frage enthalten *und* den rhetorischen Kontext definieren, in dem diese Frage eine Rolle spielt. Vier Fragen müssen Studierende nach dem Lesen einer Aufgabe beantworten können (Gottschalk & Hjortshoj 2004:33):

- Worüber schreibe ich?
- Für wen?
- Mit welchem Ziel?
- In welcher Form?

In realen Schreibsituationen, also immer dann, wenn wir als professionell Schreibende mit Texten handeln, können wir uns diese rhetorischen Parameter aus dem Kontext erschließen. Unabhängig davon, ob es ein Fachartikel oder ein Forschungsantrag ist – wir haben Ziele, kennen unsere Adressaten, und meist gibt es Richtlinien für die Formalia.

Für Studierende ist die Situation nicht so eindeutig, weil ihr Primärkontext des Schreibens die Lehrveranstaltung ist. Den Horizont ihres Schreibens bilden die Erwartungen der Lehrenden. Manche der Studierenden sind gut darin, diese Erwartungen zu erraten, andere nicht. Wenn der Erwartungshorizont geklärt ist, kann in jedem Fall die Energie besser in die Bearbeitung der Aufgabe gesteckt werden.

Im eingangs vorgestellten Beispiel aus der Philosophie handelt es sich um eine Aufgabe, die im Seminar bearbeitet wird und Studienanfängerinnen und -anfänger anregt, sich mit eigenen Gedanken und Erfahrungen zum Thema „Lügen" auseinanderzusetzen. Die Komplexität der Aufgabe ist relativ begrenzt und genau auf dieses Ziel ausgerichtet. Sie können Ihre Arbeitsaufträge also genau auf die Situation zuschneiden, in der Sie sie einsetzen wollen. Die folgende Tabelle unterscheidet zwischen drei Ebenen einer Veranstaltung, auf denen Schreibaufträge eingesetzt werden: in der Sitzung einer Veranstaltung, zwischen den Sitzungen und am Ende der Veranstaltung. Da sich die Aufgaben der Situation entsprechend in Größe und Komplexität unterscheiden, haben sie jeweils unterschiedliche Funktionen:

|———————— Funktionen von Aufgaben ————————|

- Aufgaben regen zur Auseinandersetzung mit Vorwissen und eigenen Erfahrungen an und machen Fehlkonzeptionen sichtbar.
- Aufgaben aktivieren und vertiefen die inhaltliche Auseinandersetzung.
- Die Seminardiskussion wird bereichert.

Zwischen den Sitzungen
- Studierende erarbeiten Teilschritte einer komplexeren Aufgabe.
- Sie trainieren Fähigkeiten, die zum Bearbeiten einer komplexeren Aufgabe nötig sind.
- Studierende leisten einen Beitrag zur Seminardiskussion.

3.2 Die Latte hochhängen

Am Ende der Veranstaltung
- Die Ergebnisse zeigen, ob und wie die Studierenden die Lernziele der Veranstaltung umsetzen können.
- Die Aufgaben stellen anspruchsvolles fachliches Denken und Arbeiten unter Beweis.
- Die Aufgaben fordern Eigenständigkeit und Kreativität.

Abb. 4: Funktionen von Aufgaben nach Zeitpunkt des Einsatzes (eigene Grafik)

Lernziele und Aufgaben abstimmen

Schreibaufträge sind passgenaue Lehrinstrumente und sie funktionieren am besten, wenn man sie genau auf die Lernziele abstimmt. Allerdings ist der Lehralltag manchmal so hektisch, dass es kaum möglich scheint, mit etwas Distanz auf die tägliche Praxis zu schauen. Dabei reicht ein kurzer Moment der Reflexion: Passen die üblicherweise eingesetzten Aufgaben für Studierende zu den Lernzielen? Es könnte sein, dass die eine oder andere Aufgabe durch eine kleine Veränderung noch wesentlich besser funktioniert. Lehrende können z.b. die Adressatensituation verändern oder ein etwas anderes Format verlangen. Die folgende Übung gibt einen Eindruck davon, welche Variationen möglich sind und wie sich die Variationen auf die kognitiven Anforderungen der Aufgabe auswirken.

• ÜBUNG • —— Lehrende

Assignment Design mit Rhetorik: fünf Variationen des gleichen Assignments

Nehmen Sie an, Sie sind Lehrender im Fach Pflege und verfolgen mit Ihrem forschungsorientierten Schreibauftrag zwei Ziele:

- Sie wollen die Studierenden zu vertieftem Nachdenken über Kontroversen in der alternativen Medizin anhalten.

- Durch den Schreibauftrag sollen Studierende lernen, wie man professionell Fachliteratur liest.

Sie entscheiden, dass Ihre Studierenden sich mit der Kontroverse zum Thema „Therapeutic Touch" (TT) auseinandersetzen sollen. TT ist eine Form alternativer Medizin. Man geht davon aus, dass der Behandelnde therapeutische Veränderungen im Energiefeld des Patienten bewirkt, indem seine Hände leicht den Körper des Patienten berühren.

Lesen Sie sich die folgenden fünf Auftragsvarianten durch und beantworten Sie die Diskussionsfragen, die im Anschluss gestellt werden.

Variante 1
Schreiben Sie eine 8- bis 10-seitige Hausarbeit zum Thema „Therapeutic Touch". Beachten Sie bei der formalen Gestaltung die APA-Standards.

Variante 2
Sie sind Pflegefachkraft in einem großen städtischen Krankenhaus. Kürzlich kam es auf

3.2 Die Latte hochhängen

Ihrer Station zu einem Konflikt, als bekannt wurde, dass mehrere Kolleginnen und Kollegen ohne Wissen und Erlaubnis ihrer Vorgesetzten oder der behandelnden Ärzte „Therapeutic Touch" praktizieren. Der Verwaltungsrat rügte die Pflegefachkräfte und verbot in einem Rundschreiben diese Praxis, die er als „nichtwissenschaftliche Quacksalberei" bezeichnete.

Recherchieren Sie die Fachliteratur zum Thema TT; achten Sie dabei vor allem auf evidenzbasierte Studien. Schreiben Sie dann eine 4- bis 5-seitige Argumentation, die Sie an den Verwaltungsrat des Krankenhauses richten. Bitte kritisieren oder befürworten Sie in diesem Schreiben die Behandlungsmethode. Stützen Sie Ihre Argumentation mit Begründungen aus der Fachliteratur.

Variante 3
Sie beantragen zusammen mit anderen Wissenschaftlern Forschungsmittel für eine Kontrollstudie zu der Frage, inwieweit TT Angst und Schmerzen bei Chirurgiepatienten wirksam verringern kann. Recherchieren Sie die aktuelle Fachliteratur zu TT und schreiben Sie dann den Forschungsstand für den Antrag.

Variante 4
Recherchieren Sie in der Fachliteratur zum Thema TT mehrere empirische Studien. Wählen Sie eine dieser Studien aus, um darüber einen 1- bis 2-seitigen Text zu schreiben. Schreiben Sie eine Rezension zu dem betreffenden Artikel:

1. Fassen Sie zunächst das Ziel, die Methode und die Ergebnisse der Studie in eigenen Worten zusammen – kopieren Sie nicht den Abstract!
2. Erörtern Sie anschließend, inwiefern die Studie eine wissenschaftliche Begründung dafür liefert, inwiefern TT als evidenzbasierte Medizin gelten kann.

Variante 5
Das Thema TT wird kontrovers diskutiert: Manche verspotten Pflegekräfte für ihren „new age mysticism". Andere loben sie für ihre Offenheit für Behandlungsmethoden jenseits der westlichen Medizin.

Ihre Aufgabe besteht darin, eine 8- bis 10-seitige Reflexion zur Frage, ob Krankenpflegeschulen und Pflegeverbände die Praxis von TT befürworten sollten, zu schreiben. Bilden Sie darin chronologisch den Denk- und Forschungsprozess ab, den Sie durchlaufen haben, als Sie Ihre persönliche Antwort darauf entwickelt haben. Der Text sollte am Anfang erläutern, wo Sie zu Beginn Ihrer Auseinandersetzung standen (wenn Sie verwirrt waren oder sich unsicher fühlten, ist das in Ordnung). Schildern Sie dann in der ersten Person Ihren Gedankenprozess, der sich in der Auseinandersetzung mit Fachliteratur, in Gesprächen mit Kommilitoninnen und Kommilitonen und im Rückblick auf Ihre Erfahrungen, Erinnerungen und Beobachtungen entwickelt hat. Ihre Schilderung sollte mindestens drei empirische Studien zu TT und Ihre gedankliche Auseinandersetzung mit den Behauptungen und Argumentationen dieser Studien einbeziehen.

3.2 Die Latte hochhängen

> Der Text wird danach bewertet, wie nachvollziehbar Sie Ihre Untersuchungs- und Denkprozesse darstellen. Mit anderen Worten: Sie sollen darin nicht einfach Position beziehen, sondern auch zeigen, wie Sie sich mit der Frage auseinandergesetzt haben.
>
> **Zur Diskussion:**
> Welche dieser fünf Aufgaben gefällt Ihnen am besten?
> Welche Denkprozesse werden durch die verschiedenen Aufgaben vermutlich jeweils angeregt?
> Welche Aufgabe würden Sie für Ihre Studierenden auswählen, wenn Sie der oder die Lehrende wären?
>
> — **ÜBUNG** —

Übung 4: Fünf Variationen des gleichen Assignments
(aus Bean 2011:92f.; Übers. S. Lahm)

In Workshops zur Integration des Schreibens in Lehrveranstaltungen reagieren Lehrende unterschiedlich auf diese Varianten, aber es gibt eine Konstante: Niemand wählt die erste. Ansonsten gehen die Meinungen auseinander: Manchen ist besonders wichtig, dass die Studierenden lernen, beim Schreiben ihre Gedanken zu entwickeln; sie wählen Variante 5. Andere wählen Variante 4, weil diese Aufgabe die Studierenden auffordert, sich in eigenen Worten kritisch mit einer Studie zu befassen. Andere präferieren Aufgabe 2, denn sie halten den rhetorischen Kontext (die Studierenden schreiben als Pflegekraft an den Verwaltungsrat des Krankenhauses) für besonders geeignet, um eine differenzierte Argumentation zu entwickeln. Meist kommt in der Diskussion des Lernziels auch die Zielgruppe ins Spiel: Sind es Studienanfängerinnen oder Fortgeschrittene, von denen man erwarten kann, dass sie Aufgabe 3 (den Forschungsstand in einem Antrag zusammenfassen) bewältigen können? Die Aufgaben verlangen den Studierenden nicht nur unterschiedlich komplexe kognitive Leistungen ab, sie trainieren auch unterschiedliche Sprachregister (Schreiben für ein allgemeines Publikum, für ein informiertes Fachpublikum etc.) und damit eine wesentliche Komponente von Schreibkompetenz.

Gelegentlich scheiden sich die Geister an der hypothetischen Schreibsituation von Variante 2. Manche Lehrende empfinden sie als künstlich. Studierende erleben solche Szenarien häufig als motivierend und anregend. Ob man sie verwenden möchte, ist sicherlich Geschmackssache. Ob real oder fiktiv – in jedem Fall sollte die Aufgabenstellung die Adressaten des Textes klar benennen.

Die Adressatensituation klären

In der Lehrveranstaltungssituation können Studierende für folgende reale Zielgruppen schreiben:

- Für sich selbst,
- für ihre Kommilitoninnen und Peers,
- für den Dozenten,
- für eine Leserschaft außerhalb des Seminars: die Scientific Community, Praktikumsgeberinnen, soziale Einrichtungen, Schüler, Leserinnen der Unizeitung etc.

Studierende profitieren nach ihrer eigenen Einschätzung besonders von Veranstaltungen, in denen sie nicht nur für die Lehrenden, sondern auch für ihre Kommilitonen schreiben. Das gilt insbesondere dann, wenn der inhaltliche Austausch im Seminar durch die Diskussion der selbst verfassten Texte bereichert wird (Light 1990, 2001).

Wenn in der Aufgabenstellung keine Adressatinnen für den Text benannt sind, unterstellen Lehrende häufig implizit die Scientific Community. Aber eben nicht immer. Dan Melzer hat 2.102 Arbeitsaufträge untersucht, die von Lehrenden aller Fächer an 100 amerikanischen Hochschulen erteilt wurden (Melzer 2014). Sein Ergebnis: 64% der Aufgaben sind solche, in denen Wissen abgefragt wird und die Studierende für den Lehrenden als Prüfer schreiben. Diese Adressatensituation ist eine andere als die des Schreibens für eine (fiktive) Scientific Community. Markieren Sie deshalb deutlich, wenn die Adressaten Mitglieder der Fachgemeinschaft sind, z.B. mit Formulierungen wie „Als Historiker interessiert uns die Frage ..." oder „Für Politikwissenschaftlerinnen ist es besonders wichtig, zu

3.2 Die Latte hochhängen

verstehen …". Laden Sie Studierende zur Beteiligung ein, z.B. indem Sie Wendungen wie „Als angehende Psychologinnen" nutzen.

Selbstverständlich haben Lehrende auch die Aufgabe, zu prüfen und zu bewerten. Aber dieser Aspekt muss nicht die gesamte Kommunikation in der Lehrsituation dominieren. Wie Aufgaben sprachlich gestaltet werden, hat nicht nur eine inhaltliche, sondern auch eine beziehungsstiftende Dimension und kann zu einer gelingenden Arbeitsbeziehung im Seminar entscheidend beitragen. Lehrende geben damit einen Ton vor und zeigen Studierenden, was es heißt, schriftlich mit anderen an komplexen Fragen und Problemen zu arbeiten. Der Funktion als Prüferinnen werden Lehrende gerecht, indem sie schon bei der Aufgabenstellung ihre Kriterien zur Bewertung und Benotung offenlegen. Auch das ist Ausdruck eines respektvollen Umgangs mit Studierenden: transparent zu machen, was man von ihnen erwartet (mehr dazu in Kapitel 7.2).

ÜBUNG

The Economic Naturalist Writing Assignment

Studierende

Zu den wichtigsten Erfahrungen, die Sie in dieser Veranstaltung machen werden, gehören zwei kurze Schreibaufträge, mit denen Sie Ihre Fähigkeit trainieren, wirtschaftliche Phänomene des Alltags zu erforschen [im Orig.: *to foster your skills as an Economic Naturalist*].

In beiden Texten sollen Sie eines oder mehrere der ökonomischen Konzepte anwenden, die wir in der Veranstaltung diskutiert haben. Sie sollen diese ökonomischen Konzepte nutzen, um Phänomene (Ereignisse oder Verhaltensweisen) zu erklären, die Sie im Alltag beobachten. Ihre Erklärungsansätze werden wir im Kurs besprechen. Ein guter Text kann durchaus auch kurz sein.

normalerweise keine Formeln und Grafiken und können auf Literaturhinweise verzichten.

Dieser Arbeitsauftrag ist keine Dissertation. Sie brauchen nicht umfassend zu recherchieren, um Ihr Argument zu entwickeln und zu stützen; möglicherweise ist aber die eine oder andere Information hilfreich, um andere zu überzeugen, dass Sie auf der richtigen Spur sind.
Suchen Sie sich ein Thema bzw. ein Phänomen, das Sie selbst interessiert.

ÜBUNG

Übung für Studierende 3: The Economic Naturalist Writing Assignment
(aus: Frank 2006: 61; Übers. S. Lahm)

Was macht Frank in diesem Beispiel? Er spricht seine Studierenden direkt an, er kommuniziert mit ihnen. Sein Auftrag ist auf die Veranstaltung bezogen. Er benennt die Ziele und Anforderungen und macht deutlich, dass die Arbeitsergebnisse im weiteren Verlauf der Veranstaltung eine Rolle spielen werden. Zum Umfang der Texte gibt er einen klaren, nicht verhandelbaren Rahmen vor: höchstens 750 Wörter. Zugleich gibt der Auftrag Freiheit: Die Studierenden sind eingeladen, Themen nach ihren Interessen zu wählen. Der Arbeitsauftrag ist kurz, enthält aber dennoch viele relevante Informationen. Hier nochmals alle Funktionen eines Schreibauftrags in einer Übersicht:

Funktionen von Schreibaufträgen

Schreibaufträge
- klären den Sinn und Zweck einer Aufgabe,
- machen geforderte Tätigkeiten durch rhetorische Rahmung (für wen wird mit welchem

> Ziel wozu geschrieben) als fachliches Handeln sinnvoll und verständlich,
> - explizieren Anforderungen und Bewertungskriterien,
> - stecken einen Rahmen ab, in dem Studierende eigenständig und engagiert arbeiten können,
> - schaffen ein sichtbares Lernergebnis und damit Informationen zu den Fähigkeiten und Kenntnissen der Studierenden,
> - sorgen für inhaltliche Zusammenarbeit und Austausch im Seminar.

Bis hierher sollte deutlich geworden sein: Schreib- und Arbeitsaufträge sind ein Instrumentarium für komplexes Lernen; zugleich sind sie aber auch selbst eine anspruchsvolle und komplexe Textsorte. Wie alle Formen elaborierten Schreibens (vgl. 2.3) entstehen sie deshalb nicht in einem Zug, sondern in einem längeren Entwicklungsprozess. Dabei kann das Feedback von Kolleginnen hilfreich sein. An der Universität Bielefeld holen sich Lehrende auch gerne Rückmeldung bei den schreibdidaktisch geschulten Tutorinnen, der studentischen Schreibberatung skript.um. Die Studierenden können aus ihrer Perspektive als Studierende oft besonders gut sagen, ob ein Auftrag verstanden wird und seine Adressaten erreicht.

3.3 Den Rahmen abstecken: Lehrveranstaltungen vorausdenken

Das systematische Arbeiten mit Arbeitsaufträgen wirkt sich auf die Planung einer Lehrveranstaltung aus. Grundfesten der Planung sind dann nicht mehr die inhaltlichen Bausteine, sondern Arbeitsaufträge, die systematisch aufeinander aufbauen. Vergleichen Sie die beiden folgenden Auszüge aus Seminarbeschreibungen zum Thema „Konversationsanalyse". Die erste orientiert sich an den Inhalten, die zweite an den Aktivitäten im Seminar:

Inhalts- versus entwicklungsorientierte Seminarbeschreibung:

1. Das Seminar gibt einen Überblick über die Entwicklung der Konversationsanalyse (KA) von ihren Wegbereitern über die klassischen Arbeiten der KA zu aktuellen Ansätzen, die sich stark auf die Methoden der KA und ihre „Analytic Mentality" stützen. Daneben sollen die praktischen Elemente der KA (Transkription, eigenständige Analyse) vermittelt und erprobt werden.

2. Liebe Gesprächsanalytiker,
die Methode, die ihr in den nächsten Wochen und Monaten erlernen werdet, erfordert und beinhaltet einen speziellen Blick auf Gespräche. […] Ein Stichwort ist hier vor allem „rekonstruktive Analyse". […] Damit euch der Unterschied zwischen der gesprächsanalytischen Perspektive und möglichen anderen Perspektiven bewusst wird und ihr eure eigene „perspektivische" Entwicklung mitverfolgen und nachvollziehen könnt, werdet ihr schrittweise ein Reflexionsportfolio führen, in dem ihr eure Entwicklung schriftlich niederlegt (Auszug aus: Sacher 2009).

Es gibt durchaus Parallelen in den Texten: Sie beschreiben für Studierende ein Seminar, in dem es um Konversationsanalyse gehen wird, genauer: darum, zu lernen, wie man Konversationsanalysen durchführt. Trotzdem handelt es sich um völlig unterschiedliche Texte. 1 benennt Inhalte. Theorie und Praxis sind unabhängig voneinander genannt, möglicherweise werden sie im Seminarplan auch getrennt und nacheinander behandelt. 2 skizziert einen Lern- und Entwicklungsprozess, der durch das Schreiben von Reflexionen in diesem Seminar befördert werden soll. Aus lerntheoretischer Perspektive spricht viel für Text 2, der den Fokus auf die systematische Entwicklung von Fähigkeiten und Fertigkeiten legt. Wenn man sich ausschließlich an den Inhalten orientiert, achtet man oft nicht darauf, was Studierende schon können und was sie erst noch lernen müssen, damit das Seminar die gewünschte inhaltliche Qualität bekommt. Schreib- und Arbeitsaufträge sind eine gute Möglichkeit, mit Studierenden entwicklungsorientiert zu arbeiten und fachliche Inhalte zu lehren. Das setzt voraus, sie als Teil der Veranstaltung zu verstehen, nicht als ein „Extra" neben dem „eigentlich Wichtigen". Wie aber lassen sich Lehrveranstaltungen mit Schreibaufträgen entwicklungsorientiert anlegen?

3.3 Den Rahmen abstecken

Mit den Lernzielen beginnen

Wer sich bereits mit typischen Lernschwierigkeiten von Studierenden auseinandergesetzt hat (vgl. Kapitel 3.1), kann vermutlich ohne Weiteres einige der intellektuellen Fähigkeiten benennen, die sie im Rahmen einer Veranstaltung erwerben sollen. Das sind die Lernziele der Veranstaltung. Alternativ oder zusätzlich lassen sich die Lernziele für die Veranstaltung mit folgenden Fragen klären:

> **Was sind meine Lernziele?**
>
> - Was sollen die Studierenden fünf Jahre nach der Veranstaltung noch wissen und tun können?
>
> - Lernen heißt Veränderung. Was verändert sich bei den Studierenden durch die Veranstaltung:
>   Das inhaltliche Verständnis?
>   Die Perspektive auf Fragen, auf Probleme?
>   Die Art und Weise ihres Denkens?
>   Der Umgang mit Sachverhalten, Ideen, Objekten, Personen?
>
> - Wie erkenne ich, dass die Studierenden die Lernziele erreicht haben? Welches konkrete Produkt sollen sie im Laufe des Seminars erarbeiten?
>
> - An welchen Handlungen und Arbeitsergebnissen lässt sich der Stand der Fähigkeiten und Fertigkeiten der Studierenden erkennen?

Lernziele sollten Qualitäten beschreiben, die man in Handlungen oder in Arbeitsprodukten erkennen kann. Die Formulierung „die Studierenden kennen Forschungsmethoden" ist in diesem Sinne noch nicht präzise genug. Sie könnte folgendermaßen präzisiert werden: „Am Ende des Seminars sind die Studierenden in der Lage, sich für eine passende Forschungsmethode zu entscheiden und ihre Entscheidung in einem Exposé zu begründen."

Das „Meisterstück" bestimmen

Sind die Lernziele formuliert, besteht der nächste Schritt darin, zu überlegen, was das „Meisterstück" ist, das Studierende im Seminar herstellen werden. Mit welchem Produkt, welcher Tätigkeit, welcher Prüfungsleistung zeigen sie, was sie im Laufe des Seminars gelernt haben? Das kann eine klassische Hausarbeit sein, ein Portfolio oder etwas ganz anderes. Sie haben vielfältige Möglichkeiten.

Einen roten Faden legen: Lernziele und Aufträge aufeinander beziehen

Dan Melzer zeigt in seiner Studie über Arbeitsaufträge an amerikanischen Hochschulen, dass Studierende manchmal widersprüchliche Signale erhalten, z.B. wenn Lehrende betonen, wie wichtig ihnen Originalität ist, dann aber „nur" eine Textzusammenfassung schreiben lassen (Melzer 2014: 34ff.). Unstimmigkeiten können Sie vermeiden, indem Sie Lernziele, Prüfungsleistungen und Lernaktivitäten systematisch aufeinander beziehen.

Unabhängig davon, welches Format oder welche Textsorte man wählt: Es empfiehlt sich, die Seminarplanung mit dem Schreibauftrag zu beginnen, der die Lernziele der *gesamten* Veranstaltung umfasst. Dieser Auftrag ist in der Regel auch die Prüfungsleistung. Lernziele und Prüfungsleistung sind zwei Ecken eines Dreiecks zur integrierten Lehrveranstaltungsplanung, das dem Constructive Alignment, d.h. der Abstimmung der drei Dimensionen, dient (Fink 2003; Biggs 2003). Die dritte Ecke bilden dann die Aktivitäten und Teilaufgaben, die von den Lernzielen und zur Prüfungsaufgabe hinführen.

3.3 Den Rahmen abstecken

Abb. 5: Dreieck zur integrierten Lehrveranstaltungsplanung nach Fink (2003a:2)

Die Kunst entwicklungsorientierter Lehre besteht darin, Aktivitäten und Aufgaben so zu staffeln, dass Studierende die Fähigkeiten erwerben, die sie brauchen, um die Lernziele zu erreichen und in der Prüfung Bestleistungen zu erbringen.

Aufträge sinnvoll aufeinander aufbauen und den Schwierigkeitsgrad steigern

Die Reihenfolge von Arbeitsaufträgen und Aktivitäten in einer Veranstaltung orientiert sich meist an dem Prinzip „von einfach zu komplex". Aber was ist für Studierende „einfach"? Wenn man nicht weiß, welche Fertigkeiten und Kenntnisse sie schon mitbringen, haben die Schreibaufträge, insbesondere der erste, auch eine diagnostische Funktion. Anhand der Ergebnisse lässt sich erkennen, was in der Terminologie von Vygotski (1932-34/2005) die „Zone der nächsten Entwicklung" ist, also der Entwicklungsbereich, in den Studierende mit Unterstützung vordringen können.

Schreib- und Arbeitsaufträge fordern die Studierenden in ihrer Zone der nächsten Entwicklung und bieten gleichzeitig so viel Unterstützung, dass Entwicklung überhaupt stattfinden kann. Für Studierende im ersten Semester kann etwa eine klassische Hausarbeit mit der Entwicklung einer eigenen Fragestellung, Literaturrecherche und Materialbearbeitung zu hoch angesetzt sein. Dann empfiehlt es sich, über sog. „Scaffolding Assignments" (Bean 2011:xii) nachzudenken, das bedeutet wörtlich übersetzt: Gerüst-Aufgaben. Es handelt sich dabei um Aufgaben, mit denen die Studierenden die für eine Hausarbeit benötigten Kompetenzen schrittweise erwerben.

Im Folgenden stelle ich drei „Assignment Sequences" von Lehrenden der Cornell University vor. Für die Handouts danke ich dem *Knight Institute for Writing in the Disciplines*, das in Cornell bereits seit den 1970er Jahren schreibintensive Lehre fördert (Lahm 2010).

ÜBUNG

1. Analytisch über Quellen schreiben im Geschichtsseminar

Studierende

In einer ersten Reihe von Aufgaben beschäftigen sich die Studierenden mit einem Text über die revolutionäre Bewegung im China des frühen 20. Jahrhunderts. Um eine analytische Herangehensweise zu fördern, lässt Robert Culp seine Studierenden zunächst herausarbeiten, wie bestimmte Schlüsselbegriffe (z.B. Revolution) vom Autor verwendet werden, und eine These zum Nationenverständnis des Autors formulieren. Nach diesen vorbereitenden Tätigkeiten schreiben sie einen Essay im Umfang von drei bis fünf Seiten. In der schriftlichen Aufgabenstellung dazu weist Culp ausdrücklich darauf hin, dass es nicht ausreicht, wenn die Studierenden den Text zusammenzufassen, sondern dass sie die Aussagen im Text zudem aus der Biographie des Autors und dem historischen Kontext heraus erklären sollen.

Sowohl die Definitionen der Schlüsselbegriffe als auch die Essays werden im Seminar diskutiert. Culp beschreibt, wie Studierende dadurch erkennen, dass durchaus unterschiedliche

3.3 Den Rahmen abstecken

> Lesarten der Quelle möglich und legitim sind.
>
> In einer zweiten Serie von Aufgaben analysieren Culps Studierende historisches Bildmaterial aus den 1920er und 1930er Jahren zur Popularisierung nationaler Ideen in China (Schulbücher, Werbung für Zigaretten und Medizin). Mit Hilfe von Schreibaktivitäten, die im Seminar stattfinden, entwickeln die Studierenden ein tieferes Verständnis des historischen Kontextes und der Adressaten der jeweiligen Quellen. Beispielsweise schreiben Sie aus der Perspektive der Autoren der Schülbücher und der Werbetexter: „By writing in the first person, students had to keep asking themselves who their character was, how he or she saw this image, and how the image connected with his or her life situation."
>
> **— ÜBUNG —**

Übung für Studierende 4: Analytisch über Quellen schreiben im Geschichtsseminar von Robert Culp (1997)

Welche Strategien nutzt Culp hier zur Sequenzierung? Er reduziert die Komplexität, indem er die Auseinandersetzung mit dem Thema zunächst darauf begrenzt, die Schlüsselbegriffe in einer einzigen Quelle zu analysieren. Und er vertieft die inhaltliche Auseinandersetzung damit, indem er die Studierenden die Perspektive von Zeitgenossen übernehmen lässt. Der kompetente Umgang mit schriftlichen Quellen wird nicht in Arbeitsschritte zerlegt, sondern in Teilhandlungen, die jede für sich genommen wichtig sind (Schlüsselbegriffe erkennen, Motive analysieren).

> **ÜBUNG**
>
> **2. Argumentieren wie im echten Leben: Leserbriefe zu politischen Fragestellungen**
>
> *Studierende*
>
> Um das Schreiben in seiner Funktion als politisches Handeln in den Seminarraum zu holen, lässt Emelie Peine ihre Studierenden Leserbriefe schreiben. Damit möchte sie ihnen zugleich die Relevanz soziologischer Forschung für gesellschaftlich brisante Themen verdeutlichen. Die Leserbriefe werden in mehreren Schritten verfasst: Die Studierenden schreiben zwischen den Seminarsitzungen, sie beschäftigen sich aber auch im Seminar mit dem Text.
>
> Die Arbeitsschritte im groben Überblick:
> - **A.** Die Studierenden suchen sich einen Artikel aus einer überregionalen Tageszeitung (Leitartikel oder Kommentar) zu einem Thema, das sie interessiert, und analysieren die Argumentation des Autors. Dieser Schritt wird im Seminar durch die Übung „Find the Argument" vorbereitet. Peine präsentiert Ausschnitte aus anderen Zeitungsartikeln auf dem Overheadprojektor, gemeinsam analysiert die Seminargruppe die unterschiedlichen Argumentationen.
>
> - **B.** Essay zur eigenen Kritik an der Argumentationsweise des Autors: Die Studierenden entwickeln schreibend Fragen und mögliche Kritikpunkte zum gewählten Text und beziehen dabei soziologische Texte mit ein. Es folgt ein Peer-Review im Seminar zu Essays.

3.3 Den Rahmen abstecken

> - **C.** Leserbrief schreiben. Hier geht es darum, knapp und konzise Position zu beziehen. Der Leserbrief wird im Seminar durch die Übung „The Concise Sentence" vorbereitet. Studierende wählen hierfür den längsten Satz aus ihrem Essay aus und schreiben ihn auf ein Blatt Papier. Das Papier wird an den linken Nachbarn weitergegeben, der versucht, den Satz um ein Wort zu kürzen. Dieser Prozess wird so lange fortgesetzt, bis keine weiteren Kürzungen mehr möglich sind. Dann erhält der Autor/die Autorin das Blatt mit den Vorschlägen und entscheidet sich begründet (was kann weggelassen werden, was nicht) für eine Variante.
>
> - **D.** Nach einem Abschlussfeedback durch die Lehrende E. Peine und entsprechender Überarbeitung wird der Leserbrief abgeschickt.

— ÜBUNG —

Übung für Studierende 5: Argumentieren wie im echten Leben: Leserbriefe zu politischen Fragestellungen von Emelie Peine (2007)

Welche Strategien nutzt Peine zur Sequenzierung? Peine weitet und verengt den Fokus der Studierenden im Wechsel. Auf der Suche nach einem passenden Artikel sichten sie mögliche Themen (weiter Fokus). Danach analysieren die Studierenden einen Artikel im Detail (enger Fokus). Im Essay weitet sich die Perspektive wieder, indem verschiedene Argumentationsrichtungen ausgelotet werden. Schließlich wird die Argumentation im Leserbrief verdichtet.

Die Literaturwissenschaftlerin Nicole Marafioti sequenziert anders: Sie definiert Teilschritte beim Verfassen forschungsbasierter Arbeiten und entwickelt dazu Übungen. Diese Strategie scheint für viele Lehrende sehr naheliegend, es ist hier aber besonders darauf zu achten, dass auch die Teilschritte in sich stimmige, nachvollziehbare Tätigkeiten darstellen:

ÜBUNG

3. Inhaltlich und formal korrekt auf andere Bezug nehmen

Studierende

Die Literaturwissenschaftlerin Nicole Marafioti lässt im Seminar *The Anglo-Saxons: Scholars, Saints and Heroes* Fertigkeiten üben, die für das Verfassen wissenschaftlicher Abhandlungen zentral sind:

● **Zitate und Aussagen von anderen in den eigenen Text integrieren**

Übung: Die Studierenden fassen einen langen Quellentext in 75 in eigenen Worten zusammen. Die Zusammenfassungen werden eingesammelt und im Seminar besprochen. Die Studierenden erkennen, dass unterschiedliche Varianten der Paraphrase möglich und legitim sind.

Weitere Übung: Handout mit direkten und indirekten Zitaten. Studierende müssen entscheiden, ob angemessen oder nicht. Diskussion darüber, wann es besser ist, direkt zu zitieren und wann eher paraphrasiert werden sollte.

● **Sekundärliteratur kritisch zur Kenntnis nehmen**

Übung: Die Studierenden lesen zu Hause einen Sekundärtext über das altenglische Heldengedicht Beowulf und unterstreichen Argumente und Thesen. Im Seminar fassen Sie den Text in

Sie den Text in Kleingruppen zusammen und diskutieren Fragen wie *Wo stimme ich zu, wo nicht? Was ist mir sympathisch/unsympathisch?*.
Sie klären dann kontroverse Punkte in direkter Auseinandersetzung mit dem Quellentext.
Die Studierenden lernen durch die Übung begründet eine eigene Position einzunehmen und Autorinnen von Sekundärliteratur zu kritisieren.

● **Relevante Literatur finden**

Übung: Studierende erstellen mit Hilfe eines Handouts zu Strategien der Literaturrecherche eine Bibliographie zum Thema ihrer Arbeit und erhalten dazu Rückmeldung von Marafioti.
Sie lernen so Kriterien kennen, um relevante Literatur zu finden.

ÜBUNG

Übung für Studierende 6: Sich im Text formal und inhaltlich korrekt auf andere beziehen von Nicole Marafioti (2006)

Die drei genannten Beispiele für Schreibsequenzen von Culp, Peine und Marafioti fordern alle zu fachlich relevanten Tätigkeiten auf: Quellen analysieren, einen Leserbrief schreiben oder eine Bibliographie erstellen sind für Studierende der Fächer Geschichte, Soziologie und Literaturwissenschaft alles nachvollziehbare Tätigkeiten mit Fachbezug. Sinn und Zweck einer Aufgabe deutlich zu machen, ist vermutlich wichtiger als eine detaillierte Anleitung. Wenn Sie eine Liste mit Arbeitsschritten für eine Schwarzwälder Kirschtorte erhielten, aber eine solche noch nie gesehen oder gegessen hätten, wäre das vermutlich zu schaffen. Einfacher wäre es aber mit einem Bild vom „Endprodukt". Wenn man auf eine komplexe Aufgabe hinarbeitet, motiviert es, das Ziel und die Dimensionen dieser Arbeit vorher zu kennen. Deshalb empfiehlt es sich, mit Studierenden zu Beginn eines Seminars die Ziel-Textsorte zu analysieren, bevor die Aufgabe in einzelne Arbeitsschritte zerlegt wird.

Ansätze zur Sequenzierung von Aufgaben

Um Aufgaben in eine entwicklungsfördernde Reihenfolge zu bringen, erhöhen Sie schrittweise die Komplexität. Dafür gibt es folgende Möglichkeiten (Gottschalk & Hjortshoj 2004:29ff.; Walk 2007:19ff.)

- erst kürzere Texte schreiben lassen,

- die Menge der Sekundärliteratur zunächst reduzieren,

- Konzepte und Begriffe erst erklären lassen, bevor sie angewendet werden sollen,

- Texte erst zusammenfassen lassen, bevor sie analysiert, interpretiert oder kritisiert werden sollen,

- Arbeitsschritte des eigenen Forschungshandelns rekonstruieren und jeweils gesondert, nacheinander thematisieren,

- die Auseinandersetzung mit persönlichen Erfahrungen an den Anfang stellen und dann Fachliteratur (insbesondere Theorien) lesen lassen,

- inhaltliches Wissen der Studierenden systematisch aufbauen und damit dafür sorgen, dass sie über ausreichendes Wissen verfügen, um komplex argumentieren zu können,

- mit kurzen Aufgaben regelmäßig den Wissensstand überprüfen und Wiederholungen zum Üben und Festigen neuer Fertigkeiten einbauen.

Dieses Kapitel hat gezeigt, wie man fachlich relevante Arbeitsaufträge zum Schreiben entwickeln und in eine Lehrveranstaltung integrieren kann. Es folgen nun vertiefend Anregungen für verschiedene Problembereiche der Lehre, in denen das Schreiben hilfreich sein kann. Die Leitmetapher des Buchs – das Gespräch – gibt die Struktur vor. Ein Gespräch beginnt damit, dass man zuhört und Fragen stellt (Kapitel 4: „Vom Fragen und Zuhören"). Mit der Zeit entsteht ein gemeinsamer Gedankenraum, wo ein Beitrag den anderen inspiriert und im besten Fall auch Neues entsteht (Kap. 5: „Vom Denken und Sprechen"). Beflügelt durch den Austausch verfolgen die Gesprächsteilnehmer ihre Ideen weiter und setzen sie in Forschungsprojekten um (Kapitel 6: „Vom Forschen"). Wie man auf die schriftlichen Gesprächsbeiträge von Studierenden im Kontext von Benotung und Leistungsbewertung reagieren kann, erfahren Sie in Kapitel 7: „Von Neugier und der Lust auf gute Texte".

4 Vom Fragen und Zuhören

„Was gibt's Neues?" – diese Frage stellt der Neurobiologe und Zoologe Giovanni Galizia (2012) zu Beginn jeder Sitzung seiner Einführungsvorlesung. Die Frage hat sich eigentlich zufällig entwickelt, und zwar als ihm vor einer Vorlesung einmal die neueste Ausgabe der Fachzeitschrift *Nature* in die Hände fiel: „Als passionierter Bienenforscher konnte ich mich nicht mehr bremsen, lief mit dem Heft in der Hand in den Hörsaal und rief voller Begeisterung: ‚Schaut mal alle her! Das Genom der Biene wurde entschlüsselt'" (Galizia 2012:217). Die Studierenden reagierten etwas ratlos und nachdem er die Bedeutung der Entdeckung erklärt hatte, fragte Galizia, wer denn schon einmal in der Bibliothek in eine Fachzeitschrift geschaut habe. Die Antwort: niemand. So entstand die Idee für eine neue Aufgabe. Studierende sollten zu jeder Sitzung in einer Fachzeitschrift einen Artikel suchen, der sie fasziniert. Galizia lässt sie in den ersten zehn Minuten über ihre Entdeckungen berichten, dann fährt er mit dem „normalen" Stoff fort.

Was hat diese Episode mit dem folgenden Kapitel zu tun? Zweierlei. Zum einen zeigt sie, wie wichtig Fragen sind und dass eine einfache Frage („Was gibt's Neues?") Studierende mitten hineinziehen kann in den Diskurs der Fachdisziplin. Zum anderen thematisiert sie das Lesen von Fachliteratur als Königsweg ins Fach. Für beides – das Fragen und das Lesenlernen – ist es hilfreich, wenn Studierende schreiben.

4.1 „Wer nicht fragt ...": wie Schreiben das Fragenlehren unterstützt

Gute Fragen lösen Lernprozesse aus: Sie machen die Spannung zwischen Wissen und Nichtwissen bewusst, erzeugen also kognitive Dissonanz und führen damit in einen inneren Suchprozess. Wie Lehrende an das Fach heranführen und Fragen als Schreibanlässe für Studierende nutzen können, zeigt das folgende fiktive Gespräch mit zwei Wissenschaftlern, dem Soziologen Thomas Hoebel (TH) von der Universität Bielefeld und der Astronomin Martha Haynes (MH) von der Cornell University in den USA. Das fiktive Gespräch ist inspiriert durch Aufsätze von Hoebel und Haynes zum Thema Schreiben und Lesen in der Lehre (Hoebel 2013; Haynes 2010). Für Aussagen, die den beiden Wissenschaftlern in den Mund gelegt wurden, trägt die Autorin (SL) die Verantwortung.

SL: Welche Rolle spielen Fragen in Ihrer Lehre?

TH: Die Fähigkeit, Fragen zu stellen, ist sicher eine der zentralen Kompetenzen, die ein Hochschulstudium vermitteln sollte. In der Soziologie trainieren wir diese Fähigkeit vom ersten Semester an, denn die Studierenden müssen für Essays und Hausarbeiten selbständig Fragestellungen formulieren. In der Soziologie schreiben zu lernen, heißt deshalb vor allem auch zu lernen, wie man die richtigen Fragen formuliert, um einen Sachverhalt genauer zu untersuchen.

MH: In den Naturwissenschaften ist das bei den Abschlussarbeiten ein bisschen anders. Wenn im Rahmen von Forschungsprojekten Themen für Abschlussarbeiten vergeben werden, dann steht die übergreifende Fragestellung vorher meist schon fest. In der Lehre spielen Fragen allerdings eine zentrale Rolle. Mir kommt es darauf an, dass der Verlauf der Lehrveranstaltung bestimmt wird durch die gemeinsame Arbeit an Fragen zum selben Themenkomplex. Allerdings sind die Fragen, die mich als Forschende in der Astronomie interessieren, für Studierende viel zu voraussetzungsvoll. Ich unterrichte häufig Studierende, die in ihrem ganzen Studium nur ein einziges Seminar im Fach Astronomie besuchen. Welche Fragen können in einem solchen Seminar überhaupt bearbeitet werden? *Das* ist dann die *für mich* spannende Frage!

TH: Sollte es aber nicht eigentlich immer möglich sein, die großen, übergreifenden Fragen zu benennen, die hinter den Spezialisierungen stehen? Forschung ist heute so ausdifferenziert. Bei einem Gastaufenthalt an einer britischen Uni hat mich eine der Studierenden gefragt: „Why should I learn your subject?" Diese Frage hat mich wirklich zum Nachdenken gebracht. Denn wir gehen immer davon aus, dass Studierende sich per se für unser Fach interessieren müssten. Aber ist das wirklich so? Warum erwarten wir von vornherein, dass sie sich auf unse-

4.1 „Wer nicht fragt ..."

re Fragen einlassen? Seither versuche ich deutlich zu machen, warum mich diese oder jene Frage fasziniert und warum es sich lohnen könnte, sich damit zu beschäftigen.

SL: Wie finden Soziologen Ihre Fragen?

TH: Man müsste es eigentlich umdrehen und fragen: Was ist für Soziologen *nicht* interessant? Die Nutzung von Fahrstühlen, die Mitarbeit in Parteigremien oder der Aushilfsjob am Fließband – Studierende können eigentlich immer Themen finden, indem sie an ihrem eigenen Alltag ansetzen. Allerdings fällt es Studierenden vielleicht gerade wegen der Alltagsnähe schwer, den Gegenstand aus einer soziologischen Perspektive zu betrachten und entsprechende Fragen zu formulieren. Studierende zu lehren, wie sie aus Alltagsbeobachtungen eine soziologisch relevante Fragestellung formulieren, das ist die Kunst!

MH: Genaues Beobachten ist natürlich auch in der Astronomie eine der zentralen wissenschaftlichen Tätigkeiten. Astronomen praktizieren ihre Wissenschaft, indem sie mit leistungsstarken Teleskopen den Nachthimmel beobachten. Die Bilder, die man so gewinnt, müssen interpretiert werden. Das Ziel dabei ist, Informationen über die physische Eigenheit und die Beschaffenheit des Objekts zu gewinnen, seinen Platz in der kosmischen Hierarchie zu bestimmen und seine mögliche Geschichte zu bestimmen. Ich sehe mir häufig mit den Studierenden Bilder an und wir analysieren sie gemeinsam. Es freut mich, wie schnell sie meine Art übernehmen, wissenschaftliche Fragen zu einem Bild zu formulieren.

SL: Aus ihren bisherigen Antworten höre ich, dass es zu den wichtigsten Funktionen von Lehrenden überhaupt gehört, zu zeigen, wie man Fragen stellt. Welche Rolle spielt dabei das Schreiben?

MH: In der zweiten oder dritten Seminarsitzung lasse ich die Studierenden in Gruppen arbeiten. Jede Gruppe erhält eines von mehreren Bildern, die ein astronomisches Objekt zeigen. Weitere Informationen dazu bekommen sie nicht. Die Studierenden haben die Aufgabe, Fragen zum Objekt zu stellen und eine kurze Beschreibung zu verfassen: Was bedeuten die Farben Weiß, Pink und Blaugrün im Bild oben rechts? Was ist das für ein leuchtendes Objekt in der Mitte? Warum ist das Gitter am unteren Bildrand schwarz? Sind die Farben echt? Wenn die Studierenden ihre Arbeit abgeschlossen haben, stellen die jeweiligen Gruppen ihre Beschreibungen und Fragen vor und wir betrachten alle Bilder im Plenum. Dann schreiben sie: Die Studierenden sollen die Objekte nach ihrer Entfernung zur Erde ordnen und die gewählte Ordnung begründen. Eigentlich fehlt ihnen aber das Wissen, um dies zu tun. Ich stelle ihnen also eine Aufgabe, die sie gar nicht lösen können. Das sensibilisiert sie für die Frage, wie Astronomen eigentlich Distanzen bestimmen. Diese Frage wird uns weiter beschäftigen. Ich zeige die Bilder im Laufe des Semesters immer wieder. Dadurch erkennen die Studierenden, dass ein besserer Wissensstand präzisere Annahmen ermöglicht.

SL: Das ist eine Aufgabe, bei der Studierende in der Sitzung schreiben. Lassen Sie auch zwischen den Sitzungen schreiben?

MH: Ja, in Astro 2201 schreiben die Studierenden kontinuierlich, also fast jede Woche einen Text, der max. 500 Wörter lang ist. Nach meiner Erfahrung verführen Aufgaben mit einem größeren Umfang dazu, dass viel aus Büchern oder Webseiten kopiert wird.

SL: Haben Sie ein Beispiel für eine solche Schreibaufgabe?

MH: Eine meiner Aufgaben zielt darauf, dass die Studierenden die Logik hinter einem heliozentrischen und einem geozentrischen Weltbild verstehen und ein Bewusstsein dafür entwickeln, wie wissenschaftliche Entdeckungen unsere Vorstellungen verändern. Hierfür lasse ich sie in die Rolle eines Astronomen schlüpfen, der sich im Jahr 1280 n. Chr. am Hof seines Großonkels König Alfonso aufhält. Den Astronomen beschäftigt eine totale Sonnenfinsternis, die 1239 n. Chr. in Madrid eingetreten sein soll. Im Laufe seiner Forschungen kommt er zu der Überzeugung, dass das ptolemäische Weltbild falsch und das heliozentrische sehr viel überzeugender ist. Da ihm klar ist, dass seine Fachkollegen das als Ketzerei ansehen könnten, beschließt er, diese Überlegungen seinem Großonkel in einem Brief zu unterbreiten. Diesen Brief sollen die Studierenden also entwerfen und darin möglichst überzeugend wissenschaftlich argumentieren. Dabei sollen sie davon ausgehen, dass sie durch Ptolemäus über Schriften der

4.1 „Wer nicht fragt ..."

alten Griechen verfügen sowie über Beobachtungen, die mit bloßem Auge möglich sind. Und sie sollen bedenken, dass sie diesen Brief 200 Jahre vor Kopernikus schreiben.

SL: Warum lassen Sie die Studierenden nicht einfach den Unterschied zwischen dem heliozentrischen und dem geozentrischen Weltbild erklären?

MH: Das ist eine Information, die sie an tausend Stellen im Internet finden werden. Sie würden dann einfach Fakten wiedergeben, die sie irgendwo gefunden haben, selbst wenn sie sich dabei auf den Inhalt der Veranstaltung beziehen. So lernen sie nichts darüber, wie sich unterschiedliche Weltbilder auf das Verständnis einer Sonnenfinsternis auswirken.

TH: Mir gefällt an der Aufgabe, wie sie Studierende dazu bringt, zu verstehen, dass Wissen immer in einem bestimmten Kontext zu sehen ist. Gerade in den Naturwissenschaften sind Studierende vermutlich von der vermeintlichen Objektivität des Faktischen überzeugt. Die Aufgabe regt dazu an, zu hinterfragen, was man zu einem bestimmten Zeitpunkt überhaupt wissen konnte.

SL: Und sie üben das Schreiben für Adressaten.

TH: Von einer besseren Adressatenorientierung profitiere ich als lesender Lehrender unmittelbar. Ich lese die Texte von Studierenden meistens recht gern und manchmal bin ich wirklich gespannt darauf. Außerdem freue ich mich über die positiven Effekte, die ich mit Schreibaufgaben im Seminar erziele: Die Studierenden stellen andere Fragen, und sie argumentieren differenzierter.

SL: Hilft das Schreiben dabei, dass Studierende lernen, soziologisch relevante Fragen zu stellen?

TH: Ich denke schon und, zwar durch die Iterationen im Schreibprozess. So ein Lernprozess kann für Studierende frustrierend sein: Erst sollen sie Fragen haben, und wenn sie dann welche formulieren, hören sie, diese Fragen seien nicht relevant. Mit Schreibaufgaben fällt es mir leichter, sie zu einem Doppelsalto zu ermutigen: Erst sollen sie sich fragen, was sie selbst wichtig und interessant finden, und dann in einem zweiten Schritt überlegen, was daran für ihre Leserinnen wichtig und interessant sein könnte, also eben für Soziologen. Es ist wichtig, dass die Studierenden ein Gefühl dafür bekommen, was gerade diesen Adressatenkreis interessiert. Dabei sind sie eindeutig auf meine Hilfe angewiesen, denn sie können das Feld und die aktuellen Entwicklungen nicht kennen.

SL: Haben Sie ein Beispiel für eine Ihrer Schreibaufgaben?

TH: Ich arbeite gerne mit Perspektivwechseln. Damit die Studierenden besser verstehen, was Soziologen interessiert, lasse ich sie Dialoge zwischen zwei Theoretikern schreiben oder sie sollen auf einen soziologischen Text aus der Perspektive eines anderen Autors reagieren – nach dem Motto: Wie hätte Luhmann reagiert, wenn er diesen Text von Habermas gelesen hätte? Das bringt Studierende dazu, bestimmte Blickwinkel und Fragerichtungen ganz genau nachzuvollziehen. Dafür eignet sich auch eine weitere Übung ganz gut, der „Sechszeiler": Hier lesen Studierende einen Text und fassen ihn so zusammen, dass sie am Ende die zentralen Punkte extrahiert haben, die so auch in einem Exposé stehen könnten. Es findet eine Art „Rückübersetzung" zum Exposé statt.

SL: Das alles klingt, wie im Übrigen auch bei Martha Haynes, nach viel Arbeit. Wie motivieren Sie Studierende zum Schreiben?

MH: Ich habe das Glück, dass in meinem Fach viele Studierende sehr interessiert sind. Galaxien, Planeten, Sterne! Viele fühlen sich von der Exotik des Gegenstands angezogen, und die Lektüre journalistischer Artikel bestärkt sie darin. Wenn dann in der Veranstaltung erst einmal nur Grundlagenwissen vermittelt wird, das in einem Test geprüft wird, verfliegt das Interesse schnell. Der Schlüssel, um die Motivation zu halten, liegt für mich darin, nicht nur das Wissen selbst zu thematisieren, sondern vor allem auch den Umgang damit. Das heißt, die Studierenden sollen nicht erst Grundlagenwissen erwerben und es dann anwenden, sondern von Anfang an lernen und üben, wie ein Astronom zu denken. Natürlich nicht anhand von Cutting-Edge-Forschungsthemen, aber durch interessante Fragen. Ja, so würde ich es auf den Punkt bringen: Ich motiviere durch die Fragen selbst. Sie sollen was rausfinden wollen – das treibt sie dann auch beim Schreiben an.

TH: Ich denke, die Studierenden merken, dass es mich wirklich interessiert, was sie schreiben. Und das tut es auch. Ich versuche schon, die Themen in den Seminaren so zu setzen, das sie etwas mit dem zu tun haben, was mich gerade beschäftigt. Studierende da mit reinzuziehen – das motiviert mich und meine Motivation motiviert dann wohl sie.

SL: Herzlichen Dank.

Zusammenfassung: durch Schreiben das Fragen lehren und zum Lernen motivieren

Nach einem bekannten Zitat von Max Frisch ist eine Krise ein produktiver Zustand, „man muss ihr nur den Beigeschmack der Katastrophe nehmen". Krisen dieser Art sind aus der Perspektive von Lehrenden durchaus wünschenswert. Studierende sollen Wissenschaft als ergebnisoffenes Unternehmen mit ungewissem Ausgang erfahren und lernen, dass erschlossene Wissensgebiete einer Insel gleichen – je größer die Insel ist, desto länger ist auch die Küstenlinie, das heißt, je mehr man weiß, desto mehr Fragen bleiben auch offen (Holmes 2015). Sich mit so viel Nichtwissen zu konfrontieren, ist nicht angenehm. Offene Fragen sind die kleinste Einheit der Krise und wir sollten ihre produktive Kraft in unseren Veranstaltungen nutzen. Doch wie bringen wir die Studierenden dazu, Fragen zu stellen? Hoebel und Haynes zeigen sich selbst als Fragende in ihrem Fach. Sie reflektieren ihr Fach und seine großen Fragen. Sie entwickeln Schreibaufträge, die die Studierenden mit diesen Fragen konfrontieren. Sie zeigen Wissenschaft als unordentlich und irrtumsbehaftet und ermutigen dazu, Fehler zu machen und diese als Chance zu begreifen. Haynes nutzt Schreibaufgaben, um Denk- und Suchprozesse in Gang zu setzen. Schreibaufgaben eignen sich deshalb besonders gut, weil sie Probleme in ihrem Kontext präsentieren: Nicht losgelöstes, scheinbar allgemeingültiges Wissen ist gefragt, sondern lokale Antworten auf lokale Probleme.

4.2 Lesen wie der Lauscher an der Wand: Lesen lehren durch Schreiben

Lauschen heißt auf Englisch „to eavesdrop". Eaves ist die Dachrinne – da steht also einer draußen und versucht, von dem Gespräch, das drinnen läuft, etwas mitzubekommen. Das Bild erinnert an die Lesesituation von Studierenden: Von Lehrbüchern abgesehen sind die meisten Texte, die sie im Studium lesen, nicht an sie adressiert. Sie lauschen einem Gespräch, das schon eine Weile im Gange ist; mitunter wird heftig diskutiert, aber die Lauscher wissen nicht worüber, weil sie den Anfang des Gesprächs nicht mitbekommen haben. Sie verstehen auch nur Bruchstücke, viele Worte und Formulierungen sind ihnen unbekannt (zur Metapher des fortlaufenden Gesprächs vgl. Burke 1941:111f.).

Fachliteratur zu lesen, muss man erst lernen, und das ist ein langer und oft mühsamer Prozess. Was aber genau macht das Lesen von Fachliteratur für Studierende so schwierig? Wie die Studie von Steinhoff (vgl. 2.2) gezeigt hat, bringen insbesondere Studienanfängerinnen und -anfänger aus der Schule häufig eine Vorstellung von absolutem Wissen mit. Entsprechend lesen sie Texte als Werke von „Wahrheitsproduzenten" (Steinhoff 2008:4). Den diskursiven Charakter von Wissenschaft kennen sie noch nicht oder sie können ihn noch nicht nachvollziehen.

Lauschen ist legitim

Gerade in dieser Situation ist Lauschen sehr hilfreich. Man darf einfach neugierig sein und steht nicht unter Handlungsdruck. Und wenn man nicht alles versteht, ist das gar nicht tragisch, im Gegenteil: Darin liegt sogar ein gewisser Reiz, weil es dazu antreibt, noch mehr verstehen zu wollen.

Praxisgemeinschaften tragen wesentlich dazu bei, dass Neulinge etwas lernen (Lave & Wenger 1991). Eine Praxisgemeinschaft ist nach Wenger (1999) eine Gruppe von Menschen, die ein Anliegen oder eine Leidenschaft für etwas teilen und aus diesem Grund regelmäßig miteinander zu tun hat. Entsprechend ist auch eine Lehrveranstaltung eine Praxisgemeinschaft, hier ist das gemeinsame Anliegen die Auseinandersetzung mit einem Fachthema. Studierende leisten mit dem Lesen einen Beitrag. Aufgabe von Lehre ist,

Studierende legitim lauschen zu lassen oder – in den Worten von Lave und Wenger – ihnen „legitimate periphal participation" (LPP) zu ermöglichen: „According to LPP, newcomers become members of a community initially by participating in simple and low-risk tasks that are nonetheless productive and necessary and further the goals of the community" (Lave & Wenger 1991:29). Man kann dafür in der Veranstaltung über die eigenen Lesestrategien sprechen und Studierende verschiedene Zugänge zum Text ausprobieren lassen. Lesen ist normalerweise eine einsame Tätigkeit. Deshalb sind die Erfahrungen, die Studierende damit im Rahmen eines Seminars machen, so wertvoll. Hier können sie mit anderen über ihre Erfahrungen und ihre Strategien beim Lesen sprechen.

Studierende mit eigenen Beiträgen reagieren lassen

Wenn Studierende gelernt haben, Texte als ein Gegenüber in einem fortlaufenden Gespräch zu erkennen, können sie sich schließlich auch selbst an der Konversation beteiligen. Auf dieser Grundidee (erst zuhören, dann selbst etwas beitragen) basiert das Buch „They say, I say" von Gerald Graff und Cathy Birkenstein (2006). Graff und Birkenstein stellen darin zentrale Sprachhandlungen wissenschaftlicher Argumentation vor und leiten Studierende dazu an, beim Schreiben erst zu erfassen, was die anderen sagen („They say"), und dann daran anzuknüpfen und selbst Stellung zu beziehen („I say"). Das Buch ist nicht nur eine wunderbar ermutigende Anleitung zum Schreiben, es ist auch eine hilfreiche Anleitung zum Lesen. Graff und Birkenstein sensibilisieren für die Vielfalt der sprachlichen Mittel, mit denen Autorinnen in Texten auf andere Texte reagieren können.

Was aber, wenn Studierende die Texte trotz aller Hilfestellung gar nicht lesen? Viele Lehrende gehen davon aus, dass Studierende doch motiviert sein müssten, wenn sie sich entschieden haben, ein bestimmtes Fach zu studieren. Das müssen sie natürlich auch, aber man sollte nicht vergessen, dass Motivation keine stabile Größe ist, sondern eine komplexe Mischung aus Bereitschaft, Fähigkeit, Möglichkeit und dem Sinn, den man in einer Tätigkeit erkennen kann (Widulle 2009:88ff.; Lahm 2015).

Oft hakt es daran, dass Studierende zwar irgendwie wissen, dass Lesen wichtig ist, aber den Zusammenhang zur Lehrveranstaltung nicht herstellen können. Das macht für sie das Lesen, das ohnehin schwer, ungewohnt und zeitaufwändig ist, noch frustrierender. Wenn sie aber erkennen, dass sie mit ihrer Lesearbeit einen konkreten Beitrag zum gemeinsamen Erkenntnisfortschritt im Seminar leisten, steigt die Motivation. Wichtig ist also deutlich zu machen, worin genau dieser Beitrag besteht. Es motiviert Studierende, wenn sie wissen, dass ihre Lesefrüchte anderen schriftlich zur Verfügung gestellt werden oder dass sie am Anfang der Seminarsitzung einzelne Passagen aus ihren Exzerpten vorlesen. Eine weitere Möglichkeit besteht darin, die Zusammenfassungen oder Textkommentare von Studierenden einzusammeln, zu lesen und daraus Themen und Fragen für die nächste Sitzung zu generieren.

Textzugänge eröffnen

Der Begriff „Lesen" provoziert ähnliche Missverständnisse wie der Begriff „Schreiben". Studienanfänger können natürlich bereits im elementaren Sinne „lesen"; das reicht aber nicht aus, um die Anforderungen zu bewältigen, die an der Hochschule auf sie warten. Das ist ihnen in der Regel nicht bewusst. Wie beim Schreiben kann es also hilfreich sein, Studierenden zu zeigen, wie man im Fach professionell liest. Die Historikerin Friederike Neumann hat hierfür Kollegen gebeten, sich vor laufender Kamera mit einer Monographie zu beschäftigen, die sie nicht kannten, und im Modus des lauten Denkens explizit zu machen, wie sie sich diese Monographie erschließen (Youtube-Video vgl. Neumann 2013). Dabei lernten die Studierenden viel Neues – das zeigen ihre schriftlichen Rückmeldungen (zitiert aus: Neumann 2015):

- „Ich fand viele Informationen hilfreich, ich habe mir vorher i.d.R. wenig Gedanken um die historiographische Einordnung gemacht und auch die Einleitung eher nicht beachtet. Ich glaube, dass dies mir helfen wird, wissenschaftl. Texte/Bücher effektiver zu lesen."

- „Es ist interessant zu sehen, dass nicht ‚einfach drauflos' gelesen wurde, sondern erstmal versucht wurde so viel Inhalt wie möglich aus dem Titel und der Rückseite zu entnehmen. Ich hätte das nicht gemacht."

Auf die Frage, was sie in Zukunft anders machen würden, schreiben Studierende:

- „Ich würde nicht [mehr] so schnell mit dem Lesen beginnen und mehr Fragen formulieren."

4.2 Lesen wie der Lauscher an der Wand

- „Aus dem Titel u. der Einleitung bereits auf Schwerpunkte u. Argumentationsstruktur schließen."
- „Überschrift als Gegenstand [anschauen]"
- „Den Schluss des Buches schon vorher lesen, damit man die gesamte Argumentation besser nachvollziehen kann."

Typische Lesestrategien, die Studierenden immer wieder empfohlen werden, sind:

- Kommentare und Zusammenfassungen zu einzelnen Passagen an den Textrand schreiben.
- Schwierige Texte mehrfach lesen und dabei die erste Lektüre lediglich als Annäherung begreifen.
- Aktives Interagieren mit dem Text, indem man Fragen stellt, Zweifel und Einwände formuliert und den Text auf das eigene Vorwissen bezieht.

Wenn man diese Strategien generalisiert, können sie sich allerdings als kontraproduktiv erweisen. Denn keine Wissenschaftlerin, kein Wissenschaftler liest *alle* Texte *immer* in dieser Weise. Überprüfen Sie also: Sind diese Vorgehensweisen typisch für Ihr Fach? Wenn ja, an welchen Stellen? Wann lesen Sie ganz anders?

Viele Schwierigkeiten beim Lesen rühren daher, dass Studierende einen „default mode" (Hjortshoj 2009:37) für das Lesen haben: sie setzen sich hin und nehmen sich vor, einen Text von der ersten bis zur letzten Zeile zu lesen. Der Psychologe Sternberg (1987; Bean 2001:163f.) hat dazu ein Experiment durchgeführt, das man auch gut als Übung mit Studierenden machen kann: Er gab den Teilnehmenden vier Textpassagen mit jeweils unterschiedlichen Leseaufgaben: 1. Überfliegen, 2. Hauptaussagen identifizieren, 3. Details verstehen, 4. Schlussfolgerungen ziehen und das Gelesene anwenden. Sternberg beobachtete, dass erfahrene Leserinnen ihr Lesetempo den Aufgaben anpassen, während die unerfahrenen alle Texte gleich schnell lesen. Expertinnen haben also flexible Strategien für das Lesen, die jeweils zu einem konkreten Anlass und zu den fachlichen Arbeitsweisen passen. Wenn Studierende schon früh fachliche Lesestrategien kennenlernen, können sie sich Texte besser erschließen und die Lesemotivation steigt mit jedem schwierigen Text, den sie „geknackt" haben.

> **Fachliche Leseweisen thematisieren**
>
> Zeigen Sie Ihren Studierenden, wie Sie selbst in Ihrem Fach Texte lesen:
> - Wann überfliegen Sie Texte?
> - Welche Texte lesen Sie nur auf zentrale Aussagen hin?
> - Welchen Texten widmen Sie sich im Detail?
> - Wie arbeiten Sie sich in ein neues Thema ein?
>
> Zeigen Sie den Studierenden die Produkte Ihrer Lesearbeit. Das können markierte und annotierte Texte sein, grafische Darstellungen von Text, Notizen, Exzerpte. Erläutern Sie, welche Probleme Sie durch diese Art von Vorgehen lösen.

Es ist nicht notwendig, in der eigenen Lehrveranstaltung dem Thema „Lesen" ganze Sitzungen oder auch nur Einheiten zu widmen; es reicht, immer wieder en passant kleine Berichte oder Anmerkungen zur eigenen Lesearbeit einzustreuen. Beiläufige Bemerkungen können echte Aha-Erlebnisse auslösen. Nicht immer geht es um ausgefeilte Strategien, sondern oft auch einfach um die Haltung zum Lesen. Der Historiker Valentin Groebner berichtet beispielsweise in einem Interview, dass Quellenauswertung häufig „stures und eher phantasieloses Dranbleiben" bedeutet (Groebner 2012:220f.). Das führt er folgendermaßen aus: „Man zwingt sich einfach, die Nürnberger Ratsprotokolle oder irgendwelche Rechnungsbücher vollständig zu Ende zu lesen, obwohl das ein paar Wochen ziemlich langweiliger Arbeit sind, damit man einen ausreichend großen ‚stock', einen Vorrat an Material hat, in dem sich hinterher interessante Querverbindungen ergeben können" (ebd.). Hier leuchtet plötzlich ein Maßstab auf: Wann ist es genug mit der Qual? Genug ist es dann, wenn das Reservoir so gut gefüllt ist, dass sich genug Querverbindungen ergeben können. Solche Aussagen sind zur Orientierung sehr hilfreich.

4.2 Lesen wie der Lauscher an der Wand

Wenn in Ihrem Fach Exzerpieren zum Handwerkszeug gehört, sollten Sie darüber mit Ihren Studierenden sprechen. Für viele Studierende ist das Exzerpieren hoch normativ aufgeladen. Sie scheitern oft an ihrem Anspruch, jeden Text gründlich zu lesen und sich dazu Notizen zu machen. Umso wichtiger ist es für sie, von Lehrenden „Live" zu hören, wie eine reale Praxis des Exzerpierens aussehen kann. Der Medizinhistoriker Jörg Rheinberger z.B. beschreibt sein Exzerpieren so: „Damals habe ich mich hauptsächlich mit dem 18. und 19. Jahrhundert beschäftigt, mit der Biologiegeschichte, für die ich dann auch längere Zitate exzerpiert habe. Das habe ich mir dann alles immer fotokopiert, habe Stellen ausgeschnitten und aufgeklebt und unter Umständen auch eigene Randnotizen dazu gemacht. Ein ziemlich aufwendiges Verfahren, von dem ich aber sagen kann, dass ich dann in meinen späteren Arbeiten noch Jahre lang immer mal wieder drauf zurückgegriffen habe, weil diese Arbeit doch intensiv war, so dass man sich auch daran erinnert" (Rheinberger 2012:273). Durch das Exzerpieren hat sich Rheinberger einen Referenzrahmen aufgebaut, der ihn noch Jahre später in seiner Forschungsarbeit unterstützt hat.

Das Exzerpieren ist dynamisch wie andere Lesestrategien auch. Lesestrategien sind wie Schreibstrategien aufgaben- und personenspezifisch, d.h. nicht für jede Aufgabe und für jede Person funktioniert die gleiche Herangehensweise. Beim Lesen zu Hause im stillen Kämmerlein wird das allerdings nicht sichtbar. Um herauszufinden, welche Strategie für welche Aufgabe funktioniert, brauchen Studierende deshalb wie gesagt Gelegenheit, das Lesen *im Seminar* zu praktizieren. Hier können sie gemeinsam mit anderen Studierenden die verschiedenen Lesestrategien reflektieren. Ich stelle im Folgenden einige Übungen vor, die im Seminar praktiziert werden können. Das sind a. Fragen stellen, b. Textsorten und Strukturen identifizieren und c. „Probebohrungen" vornehmen.

a. Fragen stellen

Sich vor dem Lesen zunächst damit zu beschäftigen, um welche Art von Text es sich handelt, ist für die meisten Wissenschaftlerinnen so selbstverständlich, dass sie diesen Punkt sowie andere elementare Fragen an Texte mit Studierenden gar nicht besprechen. Die folgende Mnemotechnik zur Erinnerung an die grundlegenden Fragen ist bewusst einfach gehalten, weil man mit der Hand jederzeit und überall demonstrieren kann, was die wichtigsten Fragen sind, die man vor dem Lesen eines Textes stellen sollte. Die Fragen richten die Aufmerksamkeit sowohl auf das Anliegen des Autors als auch auf das eigene Erkenntnisinteresse.

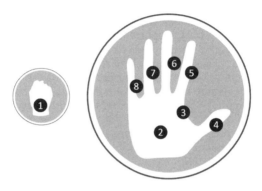

1. Welche Art von Text ist das?
2. Was ist das Thema?
3. Was ist seine Struktur? Wie ist er aufgebaut?
4. Wer ist der Autor/die Autorin?
5. Was will der Autor/die Autorin mir zeigen?
6. Was steht im Mittelpunkt? Auf wen oder was reagiert der Autor/die Autorin?
7. Welches Schmuckstück hoffe ich im Text zu finden?
8. Was kann ich vernachlässigen?
   Oder: Was kommt zu kurz?

Abb. 6: Die Lesehand; eigene Grafik

b. Textsorte und Struktur identifizieren

Die Vielfalt der Textsorten, die in den verschiedenen Disziplinen eine Rolle spielen, ist faszinierend: Physiker lesen Letters, Philosophinnen schreiben Lemmata. Für Profis dienen die Textsorten dazu, ganz bestimmte wiederkehrende Handlungsanforderungen zu bewältigen, aber für Außenstehende erschließt sich auf den ersten Blick nicht so leicht, was diese Textsorten leisten. Deshalb ist es sinnvoll, Studierenden die Textsorte(n) kurz vorzustellen. So hat zum Beispiel

4.2 Lesen wie der Lauscher an der Wand

der Philosoph Cornelis Menke für seine Studierenden eine Einführung in die verschiedenen Textsorten der Philosophie verfasst. Er spricht dabei von Gattungen:

> Menke 2014: 2f.
> » *Die wichtigste Gattung akademischer Texte ist die Abhandlung; weitere sind Forschungsreferat und Forschungsbericht, Interpretation, Kommentar, Besprechung, Miszelle, Lemma u.a.m. [...]*
> *Die verschiedenen Gattungen haben jeweils ein bestimmtes Ziel: Forschungsreferate fassen umfangreichere Forschungen zu einem Thema zusammen. Abhandlungen erweitern oder korrigieren Forschungen; Lemmata (Lexikoneinträge) erläutern die Verwendungsweisen von Fachbegriffen.* «

Willkommen in der Textsortenwelt der Wissenschaft! Welche Textsorten gibt es in Ihrem Fach?

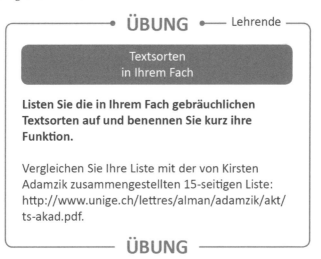

Übung 5: Textsorten in Ihrem Fach

Wie bereits angedeutet: Aus der Sicht der nordamerikanischen Genre-Theorie (Berkenkotter & Huckin 1995; Bawarshi & Reiff 2010) sind Textsorten als Antworten auf wiederkehrende Handlungsanforderungen in Praxis- und Diskursgemeinschaften zu verstehen.

Man möchte einen Beitrag zu einer Debatte leisten und schreibt – einen Fachzeitschriftenartikel! Man möchte Messungen zu einem Experiment festhalten? Man schreibt – ein Protokoll! Wenn Studierende lernen, Texte als funktionale Antworten auf eine bestimmte Situation zu lesen, erleichtert ihnen das den Zugang zum eigenen Lesen.

ÜBUNG

Thematisierung von Textfunktionen

Studierende

Für die Übung braucht man drei Texte, die in jeweils anderem Format ein Thema behandeln. Zum Beispiel: ein Auszug aus Luhmanns Buch über Vertrauen, ein Artikel zum Thema Vertrauen aus einer Tages- oder einer Wochenzeitung und einen Blogeintrag.
Die Studierenden sollen zunächst für jeden der Texte folgende Fragen beantworten:

> **Autor:** Wer schreibt?
> **Rolle:** Als wer?
> **Adressaten:** Für wen?
> **Funktion:** Mit welchem Ziel?
> **Textsorte:** In welcher Form?

Anschließend diskutieren die Studierenden weitere Textmerkmale:

- **Sprache:** Ist der Stil formell oder informell? Welche Beziehung versuchen die Autorinnen zu ihren Lesern herzustellen?

- **Belege:** Welche Belege verwenden die Texte? Wie erzeugen sie Glaubwürdigkeit?

4.2 Lesen wie der Lauscher an der Wand

> ● **Struktur:** Wie sind die Texte strukturiert? Erleichtert die Struktur das Verstehen?
>
> ● **Zitation:** Werden in den Texten Quellen oder Sekundärliteratur benannt? Wie wird darauf verwiesen? Was sind vermutlich die Gründe für diese Art von Zitation?
>
> ● **Design:** Welche Gestaltungselemente nutzen die Autorinnen? Absätze, Bilder, Fotos, Überschriften? Welche Erwartungen wecken diese Gestaltungselemente bei den Lesern?
>
> **ÜBUNG**

Übung für Studierende 7: Thematisierung von Textfunktionen

Insbesondere die Struktur eines Textes und ihr Verhältnis zu dessen Funktion ist ein Aspekt, den Studierende häufig nicht beachten. Sie betrachten einen Text – wie Bean es nennt – aus der Ameisenperspektive, nämlich Satz für Satz, anstatt aus der Vogelperspektive (Bean 2011:64; Neumann 2015).

Hier ein Vorschlag, wie man die Struktur von Texten mit Studierenden zum Thema machen kann:

> **ÜBUNG**
>
> **Die Struktur in Texten identifizieren**
>
> *Studierende*
>
> Fotokopieren Sie einen Text und zerschneiden Sie ihn nach Kapiteln, Unterüberschriften, verschiedenen Absätzen etc.
>
> Der Zahl der Studierenden entsprechend, werden mehrere Text-Puzzle benötigt.

Gearbeitet wird in Gruppen à max. 5 Personen. Die Gruppen haben die Aufgabe, den zerschnittenen Text in die Originalstruktur zurückzuversetzen.

Danach können die Studierenden ihre Versionen vergleichen und im Plenum wird besprochen, woran sie die Textstruktur erkannt haben und was typische Formulierungen für Einleitung, Argument und Forschungsstand o.Ä. sind.

Übung für Studierende 8: Die Struktur in Texten identifizieren

c. „Probebohrungen" vornehmen

Die folgenden drei Übungen (aus: Rosenwasser & Stephen 2012:108-111) sind „Probebohrungen" für ein tieferes Textverständnis und setzen voraus, dass man den gesamten Text bereits einmal gelesen hat. Studierende bearbeiten erst einmal nur einen Abschnitt. z.B. mit einem „passage-based focused freewriting". Hier die Arbeitsanweisung für die Studierenden:

ÜBUNG

Studierende

Wählen Sie einen Absatz aus dem Text, der Sie anspricht, den Sie interessant finden und/oder gerne mit anderen diskutieren würden.
Es kann auch nur ein Satz sein.

Schreiben Sie für 5 (wahlweise auch 7) Minuten, was Ihnen dazu einfällt.

4.2 Lesen wie der Lauscher an der Wand

> Wenn Sie merken, dass Sie sich gedanklich von der gewählten Passage entfernen, kehren Sie zu den Formulierungen des Textes zurück und versuchen in eigenen Worten zu beschreiben, worum es geht.
>
> **Fragen Sie sich: Was heißt das?**
> **Und was hat das mit dem Rest des Textes zu tun?**

— ÜBUNG —

Übung für Studierende 9: Passage-based focused Free Writing

Die Übung ist ein eleganter Einstieg in eine Diskussion. Wenn man im Anschluss fragt, welche Aspekte des Textes sich durch die Aktivität erschlossen haben, entsteht nahezu zwangsläufig ein Gespräch.

Das „passage-based focused freewriting" lädt dazu ein, in der *eigenen Sprache* über den betreffenden Textabschnitt nachzudenken. Manchmal inspiriert aber auch *fremde Sprache*. Wir lesen bestimmte Sätze im anderen Text, die zum Nachdenken anregen, vielleicht weil sie unverständlich sind, vielleicht aber auch, weil sie besonders schön sind. Um Sätze, die ein Sprungbrett ins Denken sein können, geht es in der Übung „Pointing" (Rosenwasser & Stephen 2012:9). Die Übung wird als Gruppenübung im Seminar durchgeführt:

• ÜBUNG •

Pointing

Studierende

- Wählen Sie einen Satz aus dem Textauszug, der Ihnen wichtig (interessant, seltsam...) erscheint. Ich werde Sie gleich bitten, den Satz vorzulesen.

- Lesen Sie nun Ihren Satz vor – nacheinander, in beliebiger Reihenfolge, hintereinander weg.

> [*Diese Runde dauert so lange, bis niemand mehr etwas zum Vorlesen hat, meist ca. 5 Minuten. Während des Pointings werden die Sätze nicht kommentiert. Manchmal kehren Sätze wie ein Refrain wieder; andere folgen oder antworten auf einen vorhergehenden Satz.*]
>
> - Notieren Sie nun Ihre Gedanken zu einem oder mehreren der vorgelesenen Sätze.
>   Schreiben Sie für 5 Minuten ohne Pause.
>   Ich werde Sie gleich bitten vorzulesen, was Sie geschrieben haben.
>
> [*Im Anschluss lesen Freiwillige ihren Gedankentext vor, ohne ihn zu kommentieren. Dabei ist es wichtig, dass einfach nur vorgelesen wird. Das Geschriebene zu beschreiben oder zusammenzufassen, hat nicht den gleichen Effekt. Während eine Person vorliest, sollten die anderen Worte und Formulierungen notieren, die ihnen auffallen.*]
>
> - Die Zuhörenden teilen mit, was sie gehört haben. Das ist der Einstieg in eine Diskussion über den Text.
>
> **ÜBUNG**

Übung für Studierende 10: Pointing

In der Übung Pointing gehen die Studierenden den Weg vom genauen Lesen zum eigenen Gedanken. Zunächst lesen alle jeweils für sich, dann kommt der Moment der Entscheidung (was wähle ich aus?), und dann erklingen ausgewählte Sätze aus dem Text in der Gruppe. Das Vorlesen steigert die Aufmerksamkeit: Wann bin ich an der Reihe? Was lesen die anderen vor? Wer hat den gleichen Satz gewählt? Zugleich entsteht ein Interpretationsraum: Beim ersten Mal klingt

4.2 Lesen wie der Lauscher an der Wand

der Satz noch ganz anders als beim dritten oder vierten Mal. Erst nach dieser ausgedehnten Phase der Hinwendung zum Text ist dann wieder eigenes Schreiben und Reflektieren gefragt. Diese Übung eignet sich für alle Situationen, in denen Studierende zu schnell schlussfolgern und das genaue, dichte, detaillierte Lesen überspringen.

Mit der nächsten Übung erleben Studierende die Paraphrase als Werkzeug, um sich einen Text anzueignen. Die Studierenden geben eine Passage dreimal in jeweils unterschiedlichen Worten wieder, anschließend vergleichen sie die Versionen. Hier die Arbeitsanweisung:

ÜBUNG

Die dreifache Paraphrase

Studierende

- Entscheiden Sie sich für einen wichtigen Absatz aus dem gewählten Text. Am besten eignet sich ein Absatz, den sie nicht so gut verstehen.

- Geben Sie den Absatz in eigenen Worten wieder, achten Sie dabei darauf, insbesondere die Schlüsselwörter durch eigene, konkrete Formulierungen zu ersetzen. Die Zusammenfassung in eigenen Worten bezeichnet man als Paraphrase.

- Wiederholen Sie den zweiten Schritt mindestens zwei weitere Male. Am Ende sollten Sie mindestens drei Paraphrasen haben.

- Vergleichen Sie Ihre Paraphrasen. Wo finden Sie Gemeinsamkeiten? Wo Unterschiede?

ÜBUNG

Übung für Studierende 11: Die dreifache Paraphrase

Es gelingt den Studierenden in der dritten Version der Paraphrase meist wesentlich besser, zentrale Aussagen aus dem gelesenen Text wiederzugeben. Die Paraphrasen und die Kommentare zeigen, wie Studierende anfangen zu experimentieren und wie sich ihre Angst löst, die Aussagen falsch wiederzugeben (diese Angst wird vermutlich durch die aktuellen Plagiarismus-Debatten verstärkt). Mit der Aufforderung, verschiedene Paraphrasen auszuprobieren, ist die Übung auch eine ausgezeichnete Plagiatsprophylaxe. Denn die Studierenden merken, dass es immer mehrere mögliche Formen gibt, um Aussagen angemessen wiederzugeben. Zweifelsfälle können anhand der Ergebnisse der Übung gut besprochen werden.

Auf Texte von anderen reagieren

Das Schreiben über Texte von anderen schafft mindestens eines von zwei Problemen. Entweder man entfernt sich zu weit von den Aussagen im Text und schreibt fast nur über das, was man zu dem Thema selbst im Kopf hat. Oder man erstarrt in Ehrfurcht vor dem Gelesenen und traut den eigenen Gedanken nicht mehr über den Weg. Wer den goldenen Mittelweg betritt und sowohl die anderen als auch sich selbst zu Wort kommen lässt, hat es geschafft, beide Probleme zu vermeiden. Idealerweise verläuft das Schreiben über Texte von anderen wie ein gutes mündliches Gespräch: zuhören, das Gehörte zusammenfassen, eigene Gedanken dazu äußern.

Im Folgenden geht es darum, Studierende zum Gelesenen eigene Gedanken formulieren zu lassen. Studierende haben oft Schwierigkeiten, sich einen Text „zu eigen" zu machen. Im Englischen gibt es dafür viele schöne Formulierungen: „to own a reading", „to make the thinking in a reading yours", „to use the reading once you own it". All diese Formulierungen ermutigen dazu, die Gedanken von anderen zu verwenden. Hjortshoj empfiehlt den Studierenden sogar „räuberisches Lesen" („predatory reading"):

> Hjortshoj 2009: 33
>
> » *Staying on top of your reading requires awareness that texts – written documents – are not just linear streams of words but constructed objects. [...] Understanding them is in large part a matter of knowing how they are constructed. Once you know that, you will also know how to take them apart, rearrange the pieces in ways that are most useful to you, and pull out the parts you want to consume. Predatory reading simply acknowledges that books are, as people say,* food for thought. «

4.2 Lesen wie der Lauscher an der Wand

Gedanken von anderen für die eigene Argumentation nutzen zu können, setzt voraus, dass man versteht, auf welche Fragen der andere Text reagiert, wofür oder wogegen die Autorin argumentiert, wer die Adressaten des Textes sind etc. Sind diese Punkte identifiziert und geklärt, kann man einhaken und selbst den Gesprächsfaden weiterspinnen. Um diesen Aspekt des Lesens wissenschaftlicher Literatur zu thematisieren, können Sie Studierende bitten, den Text, der in der nächsten Sitzung besprochen werden soll, nicht nur zu lesen, sondern ihn auch mit zwei Farben zu unterstreichen: Die erste Farbe steht für die Aussagen von anderen, auf die der Autor sich bezieht. Die zweite Farbe steht für Aussagen des Autors selbst. In der Sitzung können dann die unterschiedlichen Arten von Aussagen diskutiert werden. Es bietet sich an, mit einer Dokumentenkamera oder einem zur Dokumentenkamera umgewandelten Tablet Unterstreichungen zu vergleichen und die Unterschiede zu besprechen.

Studentin zu sein und im eigenen Text in die Rolle eines fachlich Ebenbürtigen zu schlüpfen, ist eine große Herausforderung. Dazu eine *Übungsidee*: Um zu verhindern, dass Studierende sich in dieser Problematik unnötig verlieren, kann man sie eine Reihe von Texten lesen lassen, die ein breites Spektrum abdecken: von theoretischen Abhandlungen bis zu empirischen Fallstudien. In einem bestimmten Abstand, z.B. alle drei Wochen, bekommen die Studierenden die Aufgabe, einen kurzen Text aus der Perspektive des Autors zu schreiben, den sie dann gerade lesen. Darin sollen sie darlegen, wie dieser Autor auf die Positionen und Argumente der Texte reagieren würde, die sie in den vorangegangenen Wochen gelesen haben. Die Aufgabe, aus der Sicht eines Autors auf andere zu reagieren, schützt vor der Versuchung, sich hinter den Meinungen anderer Autoren zu verstecken, und hilft dabei, Position zu beziehen. Das fällt vermutlich leichter in einer „So-tun-als-ob"-Situation, in der man explizit als Autorität sprechen soll und darf.

Einen Schritt weiter geht die folgende Übung von dem Soziologen Michael Macy (aus: Gottschalk & Hjortshoj 2004:44f.). Die Studierenden sollen soziologische Theorie auf einen Fall anwenden. Um zu vermeiden, dass sie sich aus der betreffenden Theorie nur Elemente aussuchen, die zu dem jeweiligen Phänomen „passen", lässt er sie dasselbe Phänomen aus zwei unterschiedlichen theoretischen Perspektiven beschreiben. Wenn die Studierenden verstanden haben, was es heißt, eine theoretische Position einzunehmen, lässt er sie in einer weiteren Aufgabe eine Theorie auf zwei unterschiedliche Fälle anwenden; dabei sollen sie auch die Tragfähigkeit der Theorie für die analysierten Fälle erörtern. Der Vergleich unterstützt die Studierenden nach Macy darin, analytisch zu denken:

> Gottschalk & Hjortshoj 2004: 45
>
> » *If students analyze only one case, they tend simply to use the case to illustrate the theory, selectively noting elements of the case that illustrate the corresponding theoretical ideas. When I require them to compare cases, [...] they have to consider whether the differences in the cases can be accounted for by the theory.*" «

Macys Aufgabe fördert „Kontroversenkompetenz" (Steinhoff 2008). Um diese Kompetenz zu entwickeln, müssen Studierende sich Steinhoff zufolge in das „Minimalmodell des wissenschaftlichen Streits" (ebd.:10) begeben, also in eine Situation, in der es mindestens zwei verschiedene Positionen gibt. Sie müssen dann zwischen diesen Positionen und der eigenen unterscheiden und dabei immer verdeutlichen, von wem welche Aussage stammt. Im Anschluss an die von Gabriela Ruhmann entwickelte und gut dokumentierte Übung „Aus Alt mach Neu" (Ruhmann 2003) empfiehlt Steinhoff zum Trainieren des wissenschaftlichen Streits eine Übung in vier Schritten, in der Studierende sich mit zwei Texten auseinandersetzen (Steinhoff 2008:10f.)

• **ÜBUNG** •

Das kritische Referat: eine Übung in fünf Schritten (Steinhoff 2008: 10f.)

Studierende

1. Die beiden Texte werden gelesen und auf ihre Hauptaussagen reduziert. Für jeden Absatz beider Texte wird jeweils ein zusammenfassender Satz formuliert. Hier geht es vorwiegend um den fachlichen Inhalt der Texte, d.h. um die Frage, was die Verfasser sagen (vgl. Ruhmann 2003:215). Die Studierenden erschließen die wesentlichen Informationen beider Texte und halten sie schriftlich fest.

2. Auf der Grundlage der Hauptaussagen werden die Texte einzeln in die Form zweier fließender Kurzzusammenfassungen gebracht. Hier geht es nun auch um die wesentlichen Texthandlungen, d.h. um die Frage, was die Verfasser tun (ebd.). Die Studierenden arbeiten diese Handlungen aus den Texten heraus und benennen sie in ihren Zusammenfassungen.

2. Beide Zusammenfassungen werden in einem vergleichenden Referat zusammengeführt, das die Gemeinsamkeiten und Unterschiede der Positionen verdeutlicht. Die Studierenden setzen die Inhalte der Texte und die Handlungen der Verfasser zueinander in Beziehung, sie stellen also heraus, was die Verfasser im Vergleich sagen und tun.

3. Das vergleichende Referat wird durch kritische Kommentare ergänzt. Die Studierenden beziehen an dafür geeigneten Stellen gezielt und begründet Position, indem sie sich z.B. der Position eines der beiden Verfasser anschließen oder eine eigene, dritte Position entwickeln. Sie stellen dar, was sie vom Sagen und Tun der Verfasser halten.

ÜBUNG

Übung für Studierende 12: Das kritische Referat: eine Übung in fünf Schritten (aus: Steinhoff 2008:10f.)

Um andere Texte wiederzugeben und selbst zu argumentieren, benötigen Studierende ein differenziertes metasprachliches Vokabular. Manchmal fehlen ihnen schlicht die Worte, weil Formulierungen wie „er befürwortet", „sie erhebt Einspruch", „kommen wir zu dem Ergebnis, dass" ihnen aus dem Alltag kaum geläufig sind. Für das Verfassen englischer Texte stellen Graff und Birkenstein umfassend die sprachlichen Mittel dar, die Studierende im wissenschaftlichen Streit brauchen (Graff & Birkenstein 2006). Typische Wendungen der deutschen Wissenschaftssprache finden Sie bei Kruse 2010, 2013. Stellen Sie Ihren Studierenden dieses Material zur Verfügung. Besonders hilfreich ist es, wenn Sie rhetorische Mittel auflisten, die in Ihrem Fach besonders gebräuchlich sind.

5 Vom Denken und Sprechen

> Kleist 1878
>
> » *Wenn Du etwas wissen willst und es durch Meditation nicht finden kannst, so rathe ich Dir, mein lieber, sinnreicher Freund, mit dem nächsten Bekannten, der Dir aufstößt, darüber zu sprechen. Es braucht nicht eben ein scharfdenkender Kopf zu sein, auch meine ich es nicht so, als ob Du ihn darum befragen solltest, nein! Vielmehr sollst Du es ihm selber allererst erzählen.* «

Mit Kleist ist die fruchtbare Verknüpfung von Denken und Sprechen sprichwörtlich geworden. Die Schreibdidaktik geht noch einen Schritt weiter, indem sie das Schreiben als wesentliches Element hinzunimmt: Schreiben gilt als Denkmedium par excellence, weil dabei „ausgewählte Wissensbestände neu aufeinander bezogen werden" (Ortner 2006b:32). Denken, Sprechen und Schreiben lassen sich in Lehrveranstaltungen fruchtbar verbinden – das ist auch empirisch nachgewiesen. Dysthe stellte durch teilnehmende Beobachtung und Befragung von Lehrenden, Schülerinnen und Schülern fest, dass sich durch eine systematische Verbindung von Sprechen und Schreiben der Lernerfolg entscheidend verbessert habe: „[I]n the classes I observed, the interaction of oral and written discourse increased dialogicality and multivoicedness and thus provided more chances for learning than would writing alone or talking alone" (Dysthe 1996:388). Mit den Begriffen Dialogizität und Vielstimmigkeit bezieht sich Dysthe auf den russischen Philosophen und Semiotiker Mikhail Bachtin, nach dessen Dialogverständnis Dialoge nicht nur zwischen zwei Personen stattfinden, sondern in Situationen der Vielstimmigkeit, also dann, wenn viele verschiedene Personen mit unterschiedlichen Perspektiven, Ansichten und Einstellungen anwesend sind. In einer solchen Situation kann ein „echter" Dialog im Sinne von Bachtin stattfinden. Dieses Potential realisiert sich aber nur, wenn die Spannung zwischen den unterschiedlichen Stimmen dazu führt, dass neue Bedeutungen generiert werden (Dysthe 1996:390f.). Wenn Studierende also versuchen, die Fragen eines Lehrenden „richtig" zu beantworten, ist das noch kein Dialog. Erst wenn als Reaktion auf eine prinzipiell offene Frage aus der Diskussion etwas Neues entsteht, das über die bisherigen Einzelmeinungen hinausgeht, kann man von einem Dialog im Sinne Bachtins sprechen. Dysthe bezieht in ihre Analyse nicht nur gesprochene Sprache, sondern auch Texte von Schülern und die Reaktion der Lehrer darauf ein. Die Verbindung von Sprechen und Schreiben fördert den Lernzuwachs ihr zufolge dann, wenn Lehrende die Texte der Lernenden in die Veranstaltung einbinden und sie dort eine reale Funktion für die mündliche Diskussion haben.

In diesem Kapitel finden Sie Anregungen dazu, wie Sie in Ihren Veranstaltungen Denken, Sprechen und Schreiben fruchtbar miteinander verbinden können, und zwar indem Studierende informelle, explorative Texte schreiben, um sich tiefergehend mit einem Thema auseinanderzusetzen. „Informell" meint, dass die Texte nicht formal- und fachsprachlich korrekt zu sein brauchen, sie werden „explorativ" geschrieben, das heißt, mit dem Ziel durch das Schreiben etwas herauszufinden, das man so vor dem Schreiben noch nicht (bewusst) wusste. Ein gutes Beispiel für informell-exploratives Schreiben ist die Methode „Think-Pair-Share" (TPS). TPS ist eine Miniatur der Verbindung von Denken, Sprechen und Schreiben im Seminar. Man lässt die Teilnehmenden zunächst drei bis fünf Minuten über eine Frage oder ein Problem schreiben, dann tauschen sie sich zu zweit aus und erst dann beginnt die Diskussion im Plenum. Lehrende nutzen diese Methode als Einstieg in ein Thema oder um die Beteiligung im Seminar zu verbessern.

Wenn Studierende in Veranstaltungen verschiedene Formen informell-explorativen Schreibens kennen lernen, hilft ihnen das, schriftlich zu denken und Wissen zu verarbeiten. Jenseits der individuellen Wissensverarbeitung ist diese Form des Schreibens auch aus folgenden Gründen nützlich:

> **Nutzen informell-explorativer Schreibaktivitäten**
>
> Studierende
>
> - habitualisieren einen problemlösenden Zugriff, indem sie regelmäßig mit Fragen und Problemen konfrontiert werden,
> - setzen sich aktiver mit Lektüre auseinander, wenn sie Inhalte in einem eigenen Text verarbeiten,
> - beteiligen sich aktiver an Diskussionen. Die Qualität der Diskussionen steigt, weil die gedankliche Vorbereitung intensiver war,
> - können eigene Perspektiven und Erfahrungen einbringen, auch wenn sie schüchtern sind und im Seminar sonst nicht so viel sagen.

Auch Lehrende profitieren: Erstens sind die Texte meist eine vergnügliche Lektüre, weil sie nicht korrigiert werden müssen, sondern rein inhaltlich gelesen werden können. Zweitens liefern sie Informationen über die Studierenden und ihr Lernen: Was wissen und können sie? Wo haben sie Schwierigkeiten? Und die Texte sind drittens eine weitere Ebene der Interaktion in der Veranstaltung – neben der mündlichen. Lehrende erfahren daraus viel über die Interessen und Lebenswelten von Studierenden.

5.1 Informell und explorativ: Denken lehren durch das Schreiben in und zwischen den Sitzungen einer Veranstaltung

In diesem Kapitel können Sie fiktiv an dem Workshop „Schreibaktivitäten in Lehrveranstaltungen" teilnehmen, den wir an der Universität Bielefeld regelmäßig für Lehrende anbieten. Präsentiert wird ein Menü von Techniken und Übungen für das informell-explorative Schreiben in und zwischen den Sitzungen einer Veranstaltung. Idealerweise kosten Sie von jeder der vorgestellten Übungen, denn sie sollten einem selbst auch schmecken – es ist sonst schwierig, sie an andere weiterzugeben.

Zunächst einige Hinweise zur Art des Schreibens im Workshop und zu den Übungen: Informell-explorative Texte, im angloamerikanischen Kontext wahlweise „thinking pieces" oder „low stakes writing" genannt (vgl. Bean 2011; Elbow 1998, 2000), können ungewohnt sein, wenn man mit Schreiben nur die polierten Endprodukte verbindet. Dabei praktizieren Wissen schaffende Schreibende diese Form laufend: Sie machen Notizen, halten Zwischenergebnisse fest, probieren verschiedene Formulierungen aus, kurz: Sie denken im Medium der Schriftlichkeit. Die Art und Weise, wie sie dabei vorgehen, kann individuell sehr unterschiedlich sein. Der Workshop bietet die Gelegenheit, verschiedene Formen des informell-explorativen Schreibens kennenzulernen und das persönliche Repertoire zu erweitern.

Also: los geht's. Der Workshop beginnt mit folgender Übung:

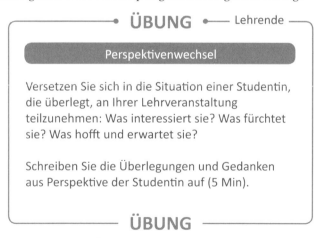

Übung 6: Perspektivenwechsel

5.1 Informell und explorativ: Denken lehren durch das Schreiben

Die Übung macht bewusst, dass Studierende ihre ganz eigenen Fragen, Prioritäten, Lebensumstände und Studiengewohnheiten in die Veranstaltung mitbringen. Wie andere Perspektivenwechsel-Übungen lässt sie die Sache in einem anderen Licht erscheinen und fördert Gedanken und Aspekte zutage, die uns manchmal nicht unmittelbar bewusst waren.

Probieren Sie nun die folgenden drei weiteren Spontanschreib-Appetizer: Denkskizze, Free Writing und Clustern. Im Workshop probieren die Teilnehmenden diese Techniken direkt nacheinander aus.

Wir starten mit einer Denkskizze zum Thema der Lehrveranstaltung (LV):

ÜBUNG — Lehrende

Denkskizze

Schließen Sie die Augen und achten Sie drei Atemzüge lang auf Ihren Atem.
Lassen Sie ein Bild eines der Themen Ihrer LV vor Ihrem inneren Auge entstehen.

Bringen Sie das innere Bild irgendwie (!) zu Papier – ohne jeglichen künstlerischen Anspruch.
Lehnen Sie sich zurück und lassen Sie das Bild auf sich wirken.

Beschriften Sie das Bild mit frei assoziierten Wörtern und Sätzen. Heben Sie einzelne Bereiche hervor, die Ihnen wichtig erscheinen.
Ergänzen Sie die Skizze bei Bedarf.

ÜBUNG

Übung 7: Denkskizze (nach Scheuermann 2009:183)

Es folgt ein Free Writing, wieder zum Thema der Lehrveranstaltung, z.B. zu einem Gedanken, der sich bei der Denkskizze ergeben hat, oder eine Reflexion über das Bild. Das Free Writing bleibt privat, d.h. es wird im Anschluss an die Übung nicht vorgelesen.

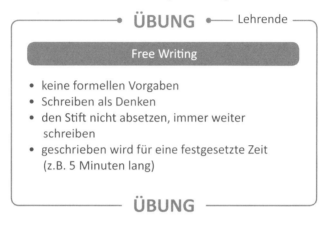

Übung 8: Free Writing

Schließlich folgt die dritte Technik, das Clustern. Die Teilnehmenden können zum Ausgangsthema zurückkehren oder an einen Gedanken anschließen, der sich beim Free Writing ergeben hat.

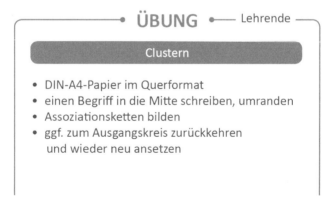

5.1 Informell und explorativ: Denken lehren durch das Schreiben 117

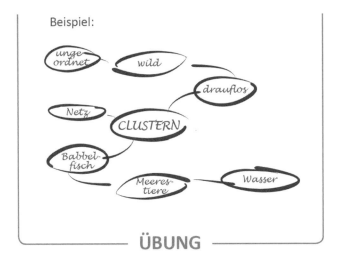

Übung 9: Clustern (nach Rico 2002)

Welche inhaltlichen Aspekte sind Ihnen durch das Schreiben bewusst geworden? Im Workshop zeigen die Äußerungen der Teilnehmenden, dass nun alle ihre Lehrveranstaltung klar vor Augen haben. Manche bieten sie zum wiederholten Mal an und wissen bereits um einige Schwachstellen, andere entwickeln gerade den ersten Entwurf.

Die Auswertung der Erfahrungen mit den drei Techniken zeigt: Jede Schreibende hat andere Vorlieben. Manche sind Fans der Denkskizze, weil sie Bild und Schrift miteinander verbindet. Anderen liegt das Free Writing, weil sie sich häufig auf diese Weise Notizen machen. Manchen ist Free Writing wiederum zu linear, sie bevorzugen das Clustern, weil das Kreisen und das Denken in alle Richtungen ihren Bedürfnissen am besten entspricht. Schon hier zeigt sich, was die Schreibforschung immer wieder betont: Jeder „Jeck" ist anders! Entsprechend sollten auch Studierende mit einer Reihe von Methoden experimentieren dürfen. Oft funktionieren die auch nicht gleich beim ersten Mal. Der „Spontanschreibmuskel" ist nach Elbow bei wissenschaftlich Schreibenden oft nicht trainiert, weil sie daran gewöhnt sind, jeden Satz und jede Formulierung zu kontrollieren. Wird die Kontrolle übermächtig, entstehen Blockaden (Elbow 1998:9). In einem solchen Fall können Spontanschreibmethoden wie Free Writing oder Clustern weiterhelfen. Gerade im akademischen Kontext brauchen Studierende oft erst die Erlaubnis dazu, schreibend drauflos zu denken. Hierzu ein Auszug aus einem Portfoliotext aus einem meiner Seminare:

> *Studierender* » *Während des Schreibens kann man seinen Gedanken – wie z.B. das im Seminar angewandte Free Writing – niederschreiben, um sie zu ordnen oder sie einfach loszuwerden und sich den Frust von der Seele zu schreiben. Besonders beim Free Writing ist mir aufgefallen, dass das, was ich denke, auch wirklich zu Papier gebracht wird. Wenn ich versuche, meine Gedanken auszuformulieren, gehen viele meiner Gedanken verloren, weil ich bemüht bin, meine Gedanken so schön wie möglich auszuschmücken und so zu verpacken, dass es sich wunderbar liest und jeder potentielle Leser folgen kann. Heute ist mir bewusst, dass Free Writing nicht für die Leserschaft bestimmt ist, sondern nur für mich allein. [...] Free Writing hat mir geholfen, meine Gedanken unkompliziert und ungeschmückt aufzuschreiben, auch wenn es manchmal schwerfällt, weil man in der Schule und Universität so geprägt worden ist, dass sich jeder Satz, jedes Wort ‚schön' anzuhören hat. Deshalb hilft mir Free Writing, meinen Kopf und mein Gedächtnis zu entlasten, Gedanken und Ideen zu sortieren und meiner Kreativität mehr Raum zu geben.* «

Der Studierende bringt wesentliche Funktionen der Spontanschreibmethoden auf den Punkt:

Funktionen des Spontanschreibens

- Ideen, Fragen, Schwierigkeiten in Worte fassen, *objektivieren*; implizites Wissen explizieren.
- Verlangsamen + vertiefen.
- Überlegungen und Wissen *zwischenlagern*. Der Kopf wird frei für neue Ideen und nächste Schritte.
- Bei eigenen Überlegungen anzufangen, motiviert für die Auseinandersetzung mit der Sache.

> - Der Schreib- und Gedankenfluss kommt in Gang.
> - Durch die Nähe zur eigenen Sprache wird das Schreiben lebendig.

Einsatz von Spontanschreibmethoden in Lehrveranstaltungen

Für den Einsatz in Lehrveranstaltungen bietet das Spontanschreiben viele gute Möglichkeiten. In den Sitzungen kann es als Brainstormingtechnik genutzt werden, um Ideen zu sammeln. Spontanschreiben eignet sich auch dazu, eine Diskussion zu steuern. Wenn sie erlahmt, kann ein eingeschobenes Free Writing neuen Schwung bringen; ist sie zu hitzig, kühlt ein Cluster die Gemüter und hilft beim Sortieren.

Die Techniken erfordern nicht viel Zeit. Hat man sie einmal eingeführt, kann man im Laufe des Semesters immer wieder darauf zurückkommen. Der Einsatz ist variabel, denn man kann damit unmittelbar auf das Geschehen im Seminarraum reagieren, ohne vorher groß zu planen. Ob am Anfang, in der Mitte oder am Ende der Sitzung, ob mit oder ohne Leitfrage: Spontanschreiben ist in vielen Situationen nützlich. Es verbessert unmittelbar die Seminarkommunikation, weil alle einbezogen werden und sich angesprochen fühlen.

Widerstand von Studierenden

Manchmal sind die Techniken für Studierende zunächst ungewohnt. Oder sie sind ihnen bereits aus der Schule bekannt, wo sie oft vermittelt werden, ohne dass die Schülerinnen damit ein echtes Erkenntnisinteresse verfolgen. Dann sind sie tatsächlich wertlos und es ist gut nachvollziehbar, wenn Studierende sich dagegen wehren.

Möglich ist auch, dass die Studierenden sich stark an Noten orientieren und alle unbenoteten Aktivitäten als unnötig abtun. Lehrende, die viel mit informell-explorativen Schreibaufgaben arbeiten, berichten aber, dass sich diese Haltung rasch verändert, sobald Studierende das Schreiben als integralen Bestandteil des Kurses praktizieren und merken, dass es ihnen hilft, Inhalte besser zu verstehen und zu verarbeiten. In einigen Gelegenheiten schafft es Akzeptanz, wenn man den Bezug zur benoteten schriftlichen Leistung herstellt und verdeutlicht, dass die explorativen Schreibaufgaben eine Vorbereitung darauf sind. Manchmal reicht auch schon der Verweis darauf, dass diese Strategien zum Repertoire professionell Schreibender gehören und kein pädagogischer Schnickschnack sind. Dafür muss man allerdings selbst von ihnen überzeugt sein.

Komplexität steigern

Mit etwas Erfahrung können Sie zunehmend komplexere Schreibaktivitäten für informell-exploratives Schreiben nutzen, wie die folgende Übung „Schreiben in Variationen":

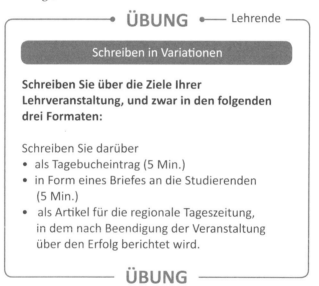

Übung 10: Lehrveranstaltungsziele definieren mit „Schreiben in Variationen"

Das Schreiben in verschiedenen Formaten, für verschiedene Adressaten und Kontexte fördert jeweils andere Gedanken zutage. Wenn man die Übung mit Studierenden durchführt, wählt man einfach das Thema, um das es gerade geht. Die Übung ist vielseitig einsetzbar und eignet sich insbesondere dann, wenn eine Sache aus verschiedenen Blickwinkeln betrachtet werden soll:

> **Schreiben für verschiedene Adressaten und Kontexte**
>
> - flexibilisiert eingefahrene Denkspuren
>
> - Der Perspektivenwechsel bringt Gedanken- und Formulierungsmaterial hervor; die *Sache* erscheint jeweils in einem anderen Licht.
>
> - Der Blick auf Adressaten und einen bestimmten Zweck hilft Informationen zu sortieren und zu strukturieren.
>
> - Rollendistanz: Es wird deutlich, dass wir uns beim Schreiben unterschiedlicher Texte unterschiedlicher Rollen und eines entsprechenden Vokabulars bedienen.

Die Übung ist auch geeignet, um neue Textformate einzuführen, z.B. den Essay. Hierfür lässt man Studierende in Form eines Tagebucheintrags, eines wissenschaftlichen Texts und eines Essays schreiben und bespricht anschließend die Gemeinsamkeiten und Unterschiede.

Weitere Schreibaktivitäten

Die lange Tradition schreibintensiver Lehre in den USA hat dazu geführt, dass Lehrende dort über ein großes Repertoire von Techniken für das Schreiben in und zwischen den Sitzungen einer Veranstaltung verfügen können. Guten Einblick in dieses Repertoire bieten Cross/Angelo (1988), Bean (2011) und der Klassiker „Writing with Power" von Peter Elbow (1998).

Es folgen einige Aktivitäten, die das Schreibprogramm der North Carolina State University Lehrenden anbietet (für das Handout danke ich Chris Anson und Deanna Dannels). Daran anschließend finden

Sie Schreibaktivitäten, die sich insbesondere dazu eignen, Thesen zu entwickeln und Argumente zu schärfen.

1. Verbindungen
Den Studierenden werden Anfang und Ende eines Prozesses oder einer kausalen Beziehung oder eines Arguments präsentiert. Dann sollen sie erklären, wie Anfang und Ende miteinander verknüpft sind oder wie eines zum anderen führt.

2. Erklärungen mit Neuigkeitswert
Die Studierenden erhalten die Aufgabe, zu zweit eine oder zwei praktische Anwendungen einer Theorie zu diskutieren. Danach sollen sie einen kurzen Text schreiben, der die Relevanz dieser Theorie für das betreffende Phänomen erläutert. Dieser Text richtet sich an ein Tageszeitungspublikum, d.h. fachliche Laien.

3. Ungelöste Laborprobleme
Die Studierenden notieren am Ende eines Laboraufenthalts eine Reihe von ungelösten Problemen oder Schwierigkeiten. Dann tauschen sie ihre Notizen, diskutieren die Probleme und entwickeln mögliche Lösungen.

4. Gegensätzliche Aussagen diskutieren
Der Lehrende notiert an der Tafel mehrere widersprüchliche Aussagen zum Thema der Sitzung oder zu einem zu Hause gelesenen Text. Die Studierenden schreiben dann drei Minuten lang darüber, dabei sollen sie für oder gegen eine der Aussagen argumentieren. Anschließend bilden die Studierenden Zweiergruppen, in denen jeweils beide Seiten vertreten sind. Die Paare stellen sich ihre Positionen wechselseitig vor und diskutieren sie.

5. Mini-Szenarios
Die Lehrende entwickelt ein Aufgabenszenario, in dem Studierende in einer Situation, die möglichst realitätsnah sein sollte, in einer bestimmten Rolle für einen Adressaten schreiben, der ebenfalls eine spezifizierte Rolle inne hat. Die Aufgabe gibt vor, was der Adressat durch und mit dem Text tun können soll. Ein Beispiel: „Schreiben Sie in Ihrer Rolle als Mitarbeiter der Firma X ein Memo für den Projektleiter, so dass er in der Lage ist, zu Y eine begründete Entscheidung zu treffen". Anschließend besprechen die Studierenden zu zweit, ob der Text seine Funktion erfüllt, d.h. den Adressaten zu einer bestimmten Handlung befähigt.

5.1 Informell und explorativ: Denken lehren durch das Schreiben

6. Klausurvorbereitung
a. Studierende erhalten eine Liste mit konzeptionell anspruchsvollen Fragen und schreiben zu Hause zu jeder der Fragen eine halbe bis eine Seite. Dann arbeiten in der Sitzung Gruppen oder Paare an den Fragen, in denen die Studierenden ihre jeweiligen Antworten lesen und die Unterschiede diskutieren. In der anschließenden Diskussion wird geklärt, über welche Antworten und Aspekte man sich einig war und über welche nicht.
b. Zwei oder drei Sitzungen vor der Klausur bringen die Studierenden zur Klausurvorbereitung Fragen mit, die sich für sie aus der inhaltlichen Auseinandersetzung ergeben haben. Sie tauschen ihre Fragen aus und bearbeiten sie in Gruppen. Der Lehrende wählt die besten Fragen für die Klausur aus.

7. Text der Woche
Jede Woche bringt eine Studierende oder eine Gruppe von Studierenden einen Text zu einem der Veranstaltungsthemen mit. Das kann ein Zeitungsartikel, ein Blogbeitrag oder ein Buch sein; der Text sollte einen interessanten oder kontroversen Punkt enthalten. Wenn der Text umfangreich ist, sollte er vorher verschickt werden, so dass alle ihn vor der Sitzung lesen können.
   In der Übung präsentieren die Studierenden ihren jeweils mitgebrachten Text, und alle schreiben einige Minuten lang darüber, wie der Text mit dem Thema der Veranstaltung zusammenhängt. Die schriftlichen Reaktionen der Studierenden führen in die anschließende Diskussion.

8. Journale im Dialog
Die Studierenden schreiben über die gesamte Veranstaltung hinweg ein thematisches Journal mit wöchentlichen Einträgen zu den Inhalten der Veranstaltung. Zu Beginn der Veranstaltung bilden sie Paare, die nach jeder Sitzung ihr Journal austauschen und mit dem nächsten Eintrag auf den vorherigen Eintrag des Partners oder der Partnerin reagieren.

9. Notizbuch mit Doppeleinträgen
Die Studierenden führen über die Veranstaltung hinweg ein Notizbuch. Auf der linken Seite notieren sie wichtige, irritierende, interessante oder kontroverse Aussagen aus den Sitzungen. Auf der rechten Seite diskutieren sie diese Aussagen. In der Seminardiskussion können Studierende aufgefordert werden, immer wieder auf diese Eintragungen zurückzugreifen.

10. Daten, Daten, Daten
Die Studierenden erhalten einen Datensatz (Statistiken, experimentelle Daten, Beobachtungsprotokolle u.Ä.) und entwickeln zu zweit eine Aussage zu diesem Datenmaterial. Jedes Paar schreibt dann eine kleine Ausarbeitung (etwa eine Seite). Es empfiehlt sich, das Vorgehen vorab zu demonstrieren oder es in einem Handout darzustellen.

Neben den genannten Schreibaktivitäten gibt es noch solche, die sich besonders zur Entwicklung von Thesen und Argumenten eignen (Bean 2011:118f.; 140f.):

11. Dialoge verfassen
Die Studierenden schreiben einen imaginären Dialog zwischen Vertretern unterschiedlicher Positionen (z.B. Kant und Mill zum Einsatz von Folter).

12. Thesen verfassen
Die Studierenden formulieren zu einem vorgegebenen Thema eine These, die nicht mehr als einen Satz umfassen darf.

13. Schreiben nach Mustern
Die Lehrende gibt den Studierenden einen sprachlichen „Rohling" einer Argumentation, den sie mit Inhalten füllen sollen. Diese Übung sensibilisiert für den Aufbau und die Struktur von Argumentationen. Ein Beispiel für einen solchen Rohling:
    Um herauszufinden, wie lange es dauert, bis eine kleine Stahlkugel eine schiefe Ebene hinunterrollt, muss man mindestens folgende Informationen besitzen: Man muss 1. wissen, dass…, 2. wissen, ob… 3. wissen, wie...

Alle dargestellten Übungen eignen sich, um Studierende durch informell-exploratives Schreiben zum tieferen Nachdenken anzuregen. Durch die Übungen entsteht viel Textmaterial, das im weiteren Verlauf der Veranstaltung genutzt werden kann.

Was tun mit den ganzen Texten?

Eine typische Reaktion auf die Anregung, mehr Schreibaufgaben in der Lehre zu nutzen, ist: „Und wer soll das alles lesen?". Manche Lehrende fühlen sich verpflichtet, *alles* zu lesen, was Studierende schreiben. Die folgende Tabelle gibt einen Überblick über die vielen Möglichkeiten, studentische Texte in eine Veranstaltung einzubinden. Man kann darin ankreuzen, welche Art von Rückmeldung Studierende erhalten sollen:

5.1 Informell und explorativ: Denken lehren durch das Schreiben

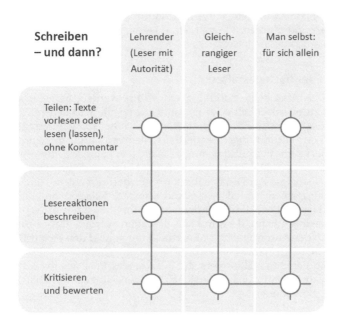

Abb. 7: Rückmeldung auf studentische Texte – die Möglichkeiten
(nach Elbow 2000:29)

Zur horizontalen: Die Leser der Texte können Lehrende sein, Studierende können aber auch füreinander oder für sich selbst schreiben.

Zur vertikalen Achse: Studentische Texte müssen nicht immer korrigiert werden, man kann sie einfach miteinander teilen, z.B. können Passagen im Seminar vorgelesen werden oder Sie stellen aus Textstücken eine Collage her, die dann in der Veranstaltung verteilt wird. Man kann Texte auch dadurch in das fortlaufende thematische Gespräch der Veranstaltung einbinden, dass die Studierenden sie untereinander austauschen und einen Satz oder Gedanken unterstreichen, den sie interessant finden.

Der übliche Modus, auf studentische Texte zu reagieren, ist Kritik und Bewertung. Man sollte diesen Modus nur dann wählen, wenn das Produkt als solches eine Rolle spielt, z.B. wenn Qualitätsmerkmale von Texten besprochen werden oder der Text ein erster Entwurf ist, der noch weiter bearbeitet werden soll. Oft erfüllen die

Texte ihren Zweck einfach schon dadurch, dass sie „nur" gelesen werden und Studierende merken, dass sie damit einen Beitrag zur Seminardiskussion leisten.

Peer Feedback gestalten

Peer Feedback sollte sorgfältig eingeführt werden, es gerät sonst leicht zu oberflächlich oder zu höflich, und die wirklichen Schwächen des Textes werden nicht benannt. Dysthe (2009) unterscheidet zwischen vermittlungsorientiertem Feedback und dialogischem Feedback. Im Vermittlungsmodell sagt die Lehrende den Studierenden, was richtig und was falsch ist. Studierende erwarten üblicherweise diese Art von Feedback und fordern ein solches auch ein. Im dialogischen Modell geht es um Feedback jenseits von „richtig" und „falsch": Peers und Lehrende geben ihre Leseeindrücke wieder; das Feedback kann, darf und soll diskutiert werden. Dabei gilt das Prinzip der Autorschaft, d.h. Entscheidungen über den Text trifft die Autorin.

Studierende sollten verstehen, wozu das Peer Feedback dient. Hilfreich ist dafür eine Übersicht über den Nutzen systematischer Textrückmeldung:

Feedback systematisch nutzen

Das spricht dafür:
- Feedback verhilft dazu, Distanz zum eigenen Text zu bekommen.
- Andere können sehen, was man selbst nicht (mehr) sieht.
- Wir alle sind erfahrene Leser.
- (Fast) alle Texte gewinnen durch Überarbeitung.

5.1 Informell und explorativ: Denken lehren durch das Schreiben

Peer Feedback hat folgende Vorteile:

> **Positive Effekte von Peer-Feedback**
>
> - Der Text bekommt mehr Leser und Leserinnen. Es lesen nicht nur Lehrende.
> - Studierende werden unabhängig(er) von der Meinung der Lehrenden.
> - Studierende können sich gegenseitig unterstützen.
> - Die Qualität der Texte verbessert sich.

Textfeedback ist eine sehr sensible Kommunikationsform, weil Schreibende meist an ihren Texten hängen und sich als Person leicht verletzt fühlen können, wenn der Text kritisiert wird. Deshalb brauchen Studierende Spielregeln für das Feedback. Starre Regeln sind weniger hilfreich als ein Austausch über Vorlieben und Abneigungen bzw. positive und negative Erfahrungen. Dafür sollten Lehrende zunächst ihre eigenen Erfahrungen bewusst machen. Also: Welche Erfahrungen haben Sie mit Feedback auf Ihre Texte gemacht?

Sie können diese Frage auch direkt gemeinsam mit den Studierenden besprechen. Die folgende Liste nennt einige klassische Punkte, die als Spielregeln für ein Text-Feedback hilfreich sein können:

> **Spielregeln für Text-Feedback**
>
> - Die Autorin macht deutlich, welche Art von Rückmeldung sie sich zum aktuellen Zeitpunkt der Textproduktion wünscht.
> - Sie versorgt die Feedbackgeberin mit Rahmeninformationen zum Text: Stadium, Abgabedatum, Textsorte, Adressat.

> - Die Rückmeldung erfolgt in einer entspannten Atmosphäre. Die Autorin kann mit den Augen verfolgen, auf welche Stelle im Text sich der Feedbackgeber bezieht.
> - Das Feedback ist konstruktiv auf die Weiterarbeit gerichtet.
> - Es wird über den Text und nicht über Eigenschaften der Autorin gesprochen.
> - Stärken und Schwächen sind gleichermaßen Thema.
> - Hinweise werden als Ich-Botschaften gegeben („Mir würde an dieser Stelle helfen, wenn Du…")

Studierende brauchen einen klar definierten Rahmen, um konstruktiv Feedback geben und annehmen zu können. Deshalb ist es hilfreich, wenn die Feedbackgeberinnen nur eine begrenzte Zahl von Stellen im Text markieren dürfen, z.B. drei gelungene Textpassagen durch Pluszeichen und drei Unklarheiten mit Fragezeichen. Das spart Zeit in der Sitzung, aber vor allem geben die Studierenden fokussiertes Feedback und berücksichtigen, dass die Autorinnen ohnehin nur eine begrenzte Menge an Informationen verarbeiten können.

Fazit: informell-exploratives Schreiben in Lehrveranstaltungen

Inspiration ist flüchtig. Der Workshop zu den Schreibaktivitäten in der Lehre endet deshalb mit der Einladung, eine Idee oder Überlegung, die durch das informell-explorative Schreiben entstanden ist, in einem Satz festzuhalten. Dafür wird die Übung „Ein-Satz-Zusammenfassung" genutzt.

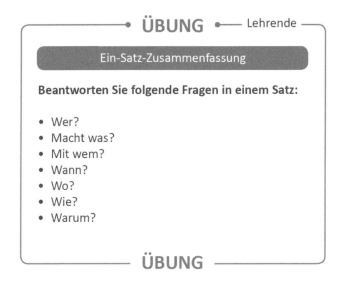

Übung 11: Ein-Satz-Zusammenfassung zur Planung einer
Lehrveranstaltung oder einer Schreibsequenz

Die „Ein-Satz-Zusammenfassung" können Sie auch mit Studierenden nutzen, und zwar immer dann, wenn sie komplexe Handlungssituationen schnell erfassen sollen wie z.b. bei der Beschreibung von Experimenten oder der Analyse von historischen Fällen.

Mit den vorgestellten Übungen und den Hinweisen zur Rückmeldung sollten Sie gut gerüstet sein, um informell-exploratives Schreiben in Ihre Veranstaltung zu integrieren. Sie haben sicherlich gemerkt, dass der Aufwand dafür nicht besonders groß ist. Es gibt allerdings einige Fragen und praktische Details, die vorab geklärt werden sollten (Bean 2011:125f.):

Wie werden Sie diese Art des Schreibens nennen? Lehrende in den USA sprechen häufig von „low-stakes writing", um den Perfektionsanspruch zu senken. Andere sprechen von Denkpapieren oder Reflexionen, oder sie benennen einfach die Methoden, z.B. Minutenpapiere, die häufig am Ende einer Veranstaltung zu den offengebliebenen Fragen geschrieben werden. Ich schlage den Begriff informell-exploratives Schreiben vor, um die Art des Schreibens (informell) und die Funktion (explorativ) zu betonen.

Welche Texte werden Sie einsammeln und lesen? Um sich nicht zu überlasten, ist es hilfreich, das gesamte Spektrum der Rückmeldemöglichkeiten auszunutzen (vgl. Abbildung 7).

Was wird im Weiteren mit den Texten passieren? Das ist vor allem auch für die Studierenden eine wichtige Information. Sie sollten bereits vor dem Schreiben wissen, ob die Texte privat bleiben oder im Seminar ausgetauscht werden oder die Texte benotet werden.

Sind diese Fragen geklärt, kann es losgehen. Es erwarten Sie: kleine Entdeckungen mit Ihren Studierenden, vielleicht auch große Durchbrüche – man weiß schließlich nie, was beim Schreiben passiert.

5.2 Gemeinsam Wissen schaffen durch Schreiben

Wissenschaft ist ein gemeinschaftliches, arbeitsteiliges Unternehmen. Neues Wissen entsteht in einem sozialen Prozess – oder, um die Leitmetapher dieses Buchs zu gebrauchen: in einem fortlaufenden Gespräch. Um zu erfahren, wie Wissen sozial entsteht, ist gemeinsames Schreiben und das anschließende Sprechen über die beim Schreiben entstandenen Gedanken besonders gut geeignet. Studierende erleben das Schreiben so unmittelbar als sozialen Akt (Bruffee 1984:642).

Mit folgenden Übungen können Studierende in Ihrer Veranstaltung durch Schreibaktivitäten in ein intensives Gespräch miteinander einsteigen. Eine Art Prototyp für diese Art von Übung ist der schriftliche, strukturierte Dialog mit Free Writing:

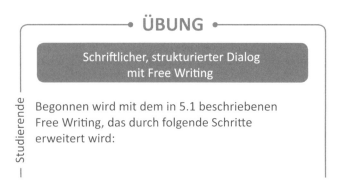

5.2 Gemeinsam Wissen schaffen durch Schreiben

- Free Writing (oder Denkskizze o.ä.)
- Studierende geben den Text an ihre linke Nachbarin/ihren linken Nachbarn weiter; diese/dieser liest, unterstreicht und kommentiert am Rand, was sie/er interessant findet.

Wenn genügend Zeit zur Verfügung steht, können weitere Lese- und Kommentierungsrunden folgen.

Schließlich erhalten die Teilnehmenden ihre Texte zurück. Mehrfach markierte Passagen oder Sätze können laut vorgelesen werden oder die Lehrperson erstellt zur nächsten Sitzung eine Collage aus den markierten Stellen, die dann diskutiert wird.

— ÜBUNG —

Übung für Studierende 13: Schriftlicher, strukturierter Dialog mit Free Writing

Wie beim Think – Pair – Share denken die Studierenden bei dieser Übung erst schriftlich, bevor sie in die mündliche Diskussion einsteigen. Deren Beginn wird verzögert, um einen schriftlichen Denkraum für alle zu schaffen. Sie können die Verbindung von Sprechen und Schreiben über die gesamte Veranstaltung hinweg systematisch nutzen. Die folgende Grafik erleichtert eine entsprechende Planung:

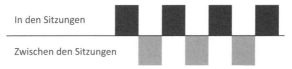

Abb. 8: Das Burgzinnendiagramm (aus Fink 2003a:36)

Oberhalb der horizontalen Linie sind die einzelnen Sitzungen einer Veranstaltung abgebildet, unterhalb die Zeit zwischen den Sitzungen. Durch das Ausfüllen der „Burgzinnen" kann man klären, wie die Aktivitäten in und zwischen den Veranstaltungen sinnvoll aufeinander bezogen werden können. Einen Eckpunkt der Planung bilden die Lernziele für die gesamte Veranstaltung. Wenn Studierende schrittweise an einem größeren Schreibprojekt arbeiten, sollten die Meilensteine dieser Projekte ebenfalls berücksichtigt werden.

Ein Beispiel für eine Sequenz von Schreibaktivitäten aus dem Seminar: „Interaktion in Organisationen" in der Soziologie:

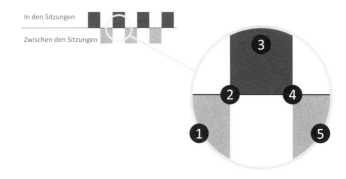

Abb. 9: Beispiel für eine Schreibsequenz; eigene Grafik

1. Die Studierenden reflektieren zur zweiten Sitzung auf ein bis zwei Seiten mögliche Anwendungen zentraler Begriffe aus Erving Goffmans Buch „Wir alle spielen Theater" und verschicken ihren Text per Verteiler an die ganze Seminargruppe.
2. Alle lesen zu Hause alle Texte (das dauert pro Text ca. drei Minuten) und die Lehrende schreibt jeweils einen Kommentar von 1-2 Sätzen (wiederum ca. drei Minuten pro Text).
3. In der Sitzung dankt die Lehrende für die Texte und kommentiert die Qualität der Reflexionen. Besondere Stärken verdeutlicht sie an einigen Beispielen.
4. Dann wird im Plenum inhaltlich über die Texte gesprochen. In dieser Diskussion entstehen zwangsläufig neue Fragen und Probleme. Am Ende der Sitzung notieren alle Studierenden einen für sie interessanten Aspekt aus der Diskussion auf einem Zettel und geben diesen der Lehrenden.
5. Die Lehrende liest die Reaktionen der Studierenden und integriert sie in die Vorbereitung der nächsten Sitzung.

5.2 Gemeinsam Wissen schaffen durch Schreiben

- ÜBUNG — Lehrende
- **Eine Sequenz entwickeln**
- Wählen Sie ein Thema, eine Frage Ihrer Veranstaltung.
- Entscheiden Sie sich für eine oder mehrere Schreibaktivitäten.
- Überlegen Sie, wie Sie diese Aktivitäten in die Veranstaltung integrieren, und bilden Sie diese Sequenz mit Post-Its im Burgzinnendiagramm ab.
- ÜBUNG

Übung 12: Eine Schreibsequenz entwickeln

Ein zweites Beispiel für eine Lehrveranstaltung, die Schreiben und Sprechen verbindet, stammt von der Literaturwissenschaftlerin Elizabeth M. Sargent (Sargent 1997). Sie hat dieses Konzept ursprünglich aus der Not heraus entwickelt, weil sie in einem Semester mehrere Kurse parallel unterrichten musste. Sie konnte deshalb unmöglich alle Texte ihrer Studierenden selbst lesen, wollte aber trotzdem nicht auf regelmäßige Schreibaktivitäten verzichten.

Peer-Response-Verfahren in einer Einführungsveranstaltung in der Literaturwissenschaft

Sargent entwickelte das Verfahren für eine Großveranstaltung mit mehr als 50 Studierenden, um dort ein fortlaufendes Gespräch über Literatur zu herzustellen und Studierende beim Lesen von Literatur und dem Entwickeln interpretativer Verfahren zu unterstützen.

Das Verfahren:
Die Studierenden bringen zu jeder Sitzung einen sog. Inkshedding-Text mit, den sie als Reaktion auf den zu lesenden Text ver-

fasst haben. Sie sollen sich dabei immer auf konkrete Stellen im Text beziehen. Das Inkshedding (wörtl.: Tinte verteilen) bezeichnet nach Sargent ein zügiges, konzentriertes Runterschreiben, formale Korrektheit spielt keine Rolle; es geht darum, das Schreiben zum Entwickeln eines Gedankens zu nutzen.

In der ersten Woche der Veranstaltung liest Sargent Inksheddings von allen Studierenden und markiert originelle Stellen (nicht in Rot). Ihr Blick richtet sich auf gelungene Gedanken, auf „das Potential" – das, was fast, aber vielleicht noch nicht ganz da ist. So schreibt Sargent zu einem der Inksheddings: „You may be on to something here. I've never paid attention to this particular passage before or thought of reading the story this way, but I think it works; it connects with the earlier scene on pg. X and also helps me account for several other puzzling details like Y and Z, that I could never make sense of before. Thanks!" (Sargent 1997:45). Sargent unterstreicht und kommentiert die ersten Inksheddings ausführlich, weil sie den Studierenden als Modell für die Rückmeldung dient, die sie sich später gegenseitig geben.

In der zweiten Sitzung werden die Studierenden in Gruppen mit jeweils 6-7 Studierenden aufgeteilt. Sargent achtet darauf, dass in jeder Gruppe auch „starke" Studierende vertreten sind. Für die Zusammenarbeit in den Gruppen führt sie ein Rotationsverfahren ein: in jeder Gruppe übernimmt pro Sitzung einer der Teilnehmenden die Funktion des Lesers. Die Aufgaben des Lesers sind: (1) Erst die Texte (Inksheddings) der Kommilitoninnen lesen, dann (2) unterstreichen und kommentieren (Marginalien) und auf der Grundlages des Gelesenen auch das eigene Inkshedding kommentieren. Der Leser füllt dann (3) zügig einen Feedbackbogen (siehe unten) aus. Der Feedbackbogen wird mit den Inksheddings der Gruppe und den Kommentierungen des Lesers der Lehrenden gegeben.

Sargent liest dann erstens das Inkshedding des Lesers (und Marginalien, die dieser zum eigenen Text verfasst hat), zweitens die Marginalien, die er zu den Inksheddings der anderen geschrieben hat und drittens den Feedbackbogen. Sie gibt mit Zeichen Rückmeldung: √+ für Stellen, die besonders gelungen kommentiert wurden, √- für Stellen, an denen die Kommentierung unklar ist, √ für Kommentare, die so in Ordnung sind.

Nach Sargent beträgt der Zeitaufwand pro Paket weniger als zehn Minuten, sie schafft bei strenger Lesedisziplin 7-8 Pakete in einer Stunde. Benotet wird die Gesamtleistung, d.h. die Qualität des Inksheddings, sowie der Kommentare zu dem eigenen und dem fremden Text.

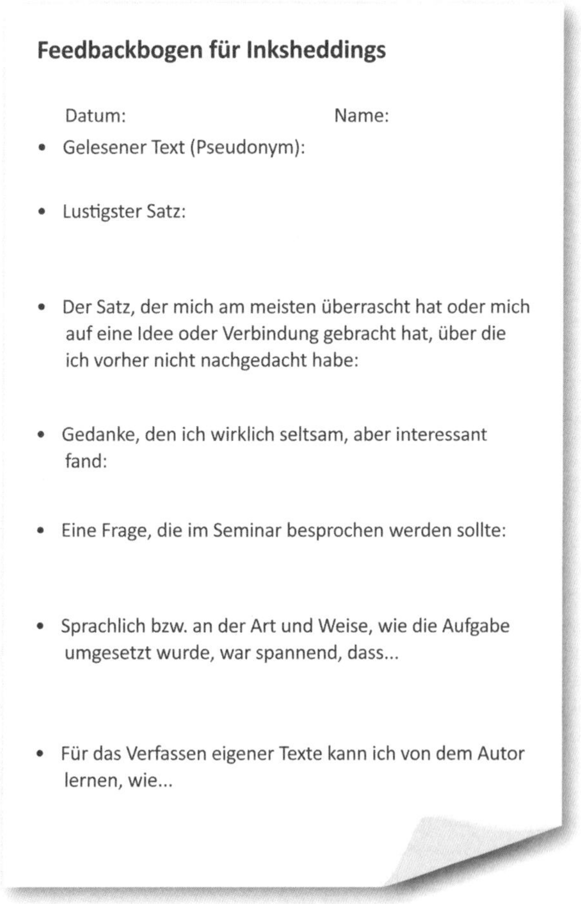

Feedbackbogen für Inksheddings

Datum: Name:
- Gelesener Text (Pseudonym):

- Lustigster Satz:

- Der Satz, der mich am meisten überrascht hat oder mich auf eine Idee oder Verbindung gebracht hat, über die ich vorher nicht nachgedacht habe:

- Gedanke, den ich wirklich seltsam, aber interessant fand:

- Eine Frage, die im Seminar besprochen werden sollte:

- Sprachlich bzw. an der Art und Weise, wie die Aufgabe umgesetzt wurde, war spannend, dass...

- Für das Verfassen eigener Texte kann ich von dem Autor lernen, wie...

Abb. 10: Feedbackbogen für ein Inkshedding (nach Sargent 1997); eigene Grafik

Hinweis: Dieser Feedbackbogen sollte zügig ausgefüllt werden; von der insgesamt zur Verfügung stehenden Zeit sollten die Studierenden mindestens zwei Drittel für das genaue Lesen und Unterstreichen sowie die Kommentare am Textrand veranschlagen.

Variante mit kleineren Gruppen:

Die Studierenden verfassen in einem Lese-Logbuch wöchentliche Einträge über das, was sie zur nächsten Sitzung gelesen haben. In den Sitzungen werden die Logbücher jeweils an den Sitznachbarn weitergegeben und die aktuellen Einträge gelesen. Die Lehrende beteiligt sich daran in derselben Weise wie alle anderen. Im Anschluss wird in einer Runde diskutiert, was interessant war und zum Nachdenken angeregt hat. Um die Beteiligung zu kontrollieren, sammelt die Lehrende spontan einige Logbücher ein und prüft, ob die entsprechenden Einträge gemacht wurden. Am Ende des Seminars geben alle Studierenden ihr Logbuch ab und markieren drei Einträge, die sie für die besten halten. Diese werden dann benotet.

Stärken des Stärken des Peer-Reponse-Verfahrens:

Durch die Inksheddings und Logbücher sind alle Studierenden aktiv beteiligt; die meisten verändern ihr Leseverhalten und lesen gezielter und mit mehr persönlichem Engagement. Mit ihren Beiträgen liefern die Studierenden den „Stoff" für die inhaltliche Arbeit. Der Prozess fördert eine Studienhaltung, bei der die gemeinsame Erarbeitung von Inhalten im Vordergrund steht.

Insbesondere im ersten Verfahren liegt der Akzent bei der Benotung nicht auf der Denk- und Schreibleistung allein, sondern Sargent berücksichtigt auch, inwiefern Studierende in der Lage sind, Texte von anderen zu kommentieren und eigene Texte als Reaktion darauf zu verbessern und weiter zu entwickeln.

Wer das Peer-Response-Verfahren in seiner Veranstaltung einführen möchte, sollte beachten, dass das Verfahren für Studierende ungewohnt sein kann. Um Vertrauen und Sicherheit zu schaffen, ist es wichtig, das Vorgehen sorgfältig zu erklären. Zeigen Sie den Studierenden mit Ihren Markierungen und Kommentaren, was Sie unter einer hilfreichen Rückmeldung verstehen. Die Zeit und Energie, die Sie am Anfang in die Vorbereitung investieren, zahlt sich in einem späteren reibungslosen Ablauf aus.

Sequenzen und Aktivitäten für eine gemeinsame Wissensentwicklung durch Denken, Sprechen und Schreiben zu entwickeln ähnelt einer Tanzchoreographie – man legt nicht alles fest und lässt, so

5.2 Gemeinsam Wissen schaffen durch Schreiben

wie im modernen Tanz, Raum für Improvisation und individuellen Ausdruck. Aber es gibt eine gemeinsame Dramaturgie, die festlegt, wer was macht und wann Elemente zusammengeführt werden, so dass sich der Prozess in der gemeinsamen Gestaltung entfalten kann. Bei der Planung von Lehrveranstaltungen achtet man darauf, wie Denken, Sprechen und Schreiben ineinandergreifen und reflektiert, welche Prozessdynamiken zu erwarten sind. Es ist jedes Mal aufs Neue spannend, ob die „Choreographie" aufgeht.

6 Vom Forschen

Im Zuge der Recherchen für dieses Buch habe ich Lehrende dazu befragt, wie sie selbst forschen gelernt haben. Hier zwei Antworten:

Lehrender Philosophie

» *Meine Schreib- und Forschungssozialisation war ganz klassisch: Am Anfang des Seminars wurden der Gegenstand und die übergreifenden Fragen des Seminars geklärt, dann bekam jeder ein Thema für ein Referat. Das Referat war die erste gedankliche Beschäftigung mit einer Frage. Hier sollte man üben, Thesen zu formulieren und zur Diskussion zu stellen - wie in der Wissenschaft üblich, wenn natürlich auch auf anderem Niveau. Schließlich kam die Ausarbeitung in Form der Hausarbeit. Dafür habe ich viel Zeit gebraucht. Mit einer Hausarbeit konnte ich mich gut über die ganze vorlesungsfreie Zeit hinweg beschäftigen: recherchieren, lesen, verwerfen. Ich bin viele Umwege gegangen, die sich mittlerweile als segensreich herausstellen, denn ein Großteil dessen, was mir heute für meine intellektuelle Arbeit zur Verfügung steht, verdanke ich diesem ausschweifenden Lesen. Die vorlesungsfreie Zeit war ein Freiraum, den ich in vollen Zügen genossen habe. Schreiben, lange Kneipenabende, viel Bier und intensive Gespräche mit meinen Mitbewohnern in der WG. Das gehörte auch alles zusammen!* «

Lehrender Psychologie

» *In meinem Studium habe ich in der regulären Lehre die mit Bezug auf Humboldt beschworene ‚Gemeinschaft von Lehrenden und Lernenden' eigentlich nie erfahren: Da saß ich in einer Veranstaltung, hörte mir die teilweise sehr schlechten Referate meiner Kommilitonen an und habe mich in den Semesterferien alleine mit Hausarbeiten gequält. Wenn ich Forschung im Studium ‚erfahren' habe, dann eher ‚in Einsamkeit und Freiheit'. Die Hausarbeiten haben mir sehr zu schaffen gemacht. Ich fühlte mich permanent klein und überfordert. Trotzdem machte ich ‚es' offensichtlich irgendwie richtig. Ich bekam eine Stelle als studentische Hilfskraft. Diese Tätigkeit hat mir dann den eigentlichen Einblick in*

> *Forschung gegeben. Ich konnte bei der Herausgabe eines*
> *Sammelbands zuarbeiten und hier von Anfang an relativ viel*
> *Verantwortung übernehmen. Hier ist meine Faszination für*
> *Forschung entstanden.* «

Ob positiv oder eher negativ: Arbeiten, in denen Studierende selbständig etwas herausfinden können, zählen zu den wichtigsten Erfahrungen im Studium. Sie können innere Durchbrüche bewirken und eine Faszination für fachliche Themen wecken, die einen das ganze Leben begleitet. Sie können aber auch bleibende Erinnerungen an Überforderung hinterlassen, die dann die ganze weitere Schreibbiographie prägen und dazu führen, dass das Schreiben als quälend erlebt wird.

Wie kann man also Studierende so unterstützen, dass es sie stärkt, ohne ihnen die Eigenständigkeit zu nehmen? Oder anders formuliert: Wie können Lehrende Studierende in einem Forschungsprojekt begleiten und *durch diese Begleitung* ihre Eigenständigkeit fördern und dafür sorgen, dass sie selbst formulierte Erkenntnisinteressen verfolgen?

Die Frage, wie man das Schreiben nutzen kann, um Studierende in die Denk- und Arbeitsweisen eines Fachs und insbesondere in den Umgang mit ergebnisoffenen Prozessen einzuführen, spielt in allen Kapiteln dieses Buchs eine Rolle. Wenn ich im Folgenden von „forschendem Schreiben" spreche, orientiere ich mich an Begriffen der Debatte zum forschenden Lernen an Hochschulen (Huber et al. 2009). Huber unterscheidet zwischen forschungsbasiertem, forschungsorientiertem und forschendem Lernen. Forschungsbasierte Lehre referiert Ergebnisse aus der Forschung. In forschungsorientierter Lehre erwerben die Studierenden gezielt ganz bestimmte Forschungskompetenzen. Beim forschenden Lernen schließlich führen die Studierenden jeweils ein eigenes Projekt durch (Huber 2014). Das Projekt ist nach Huber der Kern forschenden Lernens, es erziele Lerneffekte insbesondere durch „die kognitive, emotionale und soziale Erfahrung des ganzen Bogens, der sich vom Ausgangsinteresse, den Fragen und Strukturierungsaufgaben des Anfangs über die Höhen und Tiefen des Prozesses, Glücksgefühle und Ungewissheiten bis zur selbst (mit-)gefundenen Erkenntnis oder Problemlösung spannt" (Huber 2004:33). Wenn man forschendes Lernen so versteht, ist es immer auch *forschendes Schreiben* – entsprechend wird der Begriff hier verwendet, um die Art des Schreibens zu charakterisieren, mit dem Studierende es beim Verfassen umfangreicherer, ergebnisoffener Schreibprojekte wie Seminar- und Abschlussarbeiten zu tun haben.

6.1 Schritt für Schritt: Forschen lehren durch Schreiben

Lehrende in unseren Workshops berichten häufig, dass die Leistungen bei schriftlichen Arbeiten stark auseinanderfallen: Es gibt Studierende, die ohne Anleitung exzellente Arbeiten schreiben, andere reihen lediglich Informationen aneinander, wissen nicht, wie man recherchiert etc. Bei einigen Texten von Studierenden lässt die Qualität vermuten, dass ihre Autorinnen weit von dem entfernt sind, was wir uns vom forschenden Schreiben für sie erhoffen, und manchmal sind wir von den Ergebnissen regelrecht enttäuscht. Nach Gottschalk und Hjortshoj verursachen Missverständnisse diese Enttäuschungen: „Disappointment with research papers persists largely because students' misconceptions of investigative writing remain unacknowledged and therefore unresolved." (Gottschalk & Hjortshoj 2004:46).

Studierende haben beim forschenden Schreiben die Aufgabe, „nicht nur Antworten und die zugrunde liegenden Fragen zu verstehen, sondern sich wissenschaftliche Problemstellungen zu eigen zu machen bzw. selbst Fragestellungen zu entwickeln und einer wissenschaftlichen Bearbeitung zu unterziehen" (Rhein 2013:46). Das ist über die Fächergrenzen hinweg der gemeinsame Nenner von Seminar- und Abschlussarbeiten. Was Bezeichnungen wie „Seminararbeiten", „Bachelorarbeiten" etc. allerdings verbergen, sind die Unterschiede in den fachlichen Anforderungen. Selbst innerhalb eines Fachs ist man sich oft nicht darüber einig, welches Können in einer Bachelorarbeit unter Beweis gestellt werden soll. Und tatsächlich ist der Klärungsprozess oft mühsam. Trotzdem sollten Lehrende nicht darauf verzichten, denn gerade im Hinblick auf die spezifischen fachlichen Anforderungen sind Studierende auf die Unterstützung ihrer Lehrenden angewiesen.

Die Klärung der Anforderungen räumt selbstverständlich nicht sämtliche Schwierigkeiten aus dem Weg; wenn Studierende mit der Abschlussarbeit die erste längere schriftliche Arbeit im Studium verfassen, fehlt es ihnen einfach an Übung. Dennoch: *Geklärte Aufträge sind der erste Schritt zu besseren Arbeiten.* Da viele Studierende unsicher sind, was in Haus- und Abschlussarbeiten von ihnen verlangt wird, ist es hilfreich, für diese Arbeiten nicht einfach Themen, sondern Schreibaufträge zu vergeben. Hierfür gelten die gleichen Prinzipien wie für andere Schreib- und Arbeitsaufträge (vgl. 3.2): Die Studierenden sollten nach der Lektüre wissen, worüber genau sie schreiben, für wen, mit welchem Ziel und in welcher Form. Auch dem Prozess sollte Aufmerksamkeit gewidmet werden: Wenn die Studierenden einzelne Arbeitsschritte in einer spezifischen Weise durchführen sollen (z.B. Interviews führen, Daten analysieren etc.), sollte das im Auftrag berücksichtigt werden.

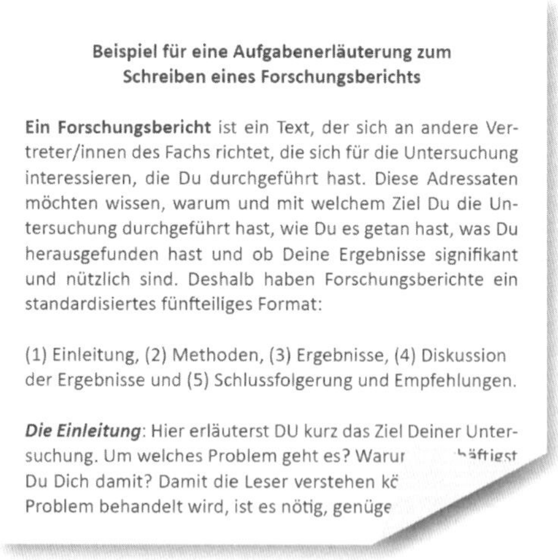

> **Beispiel für eine Aufgabenerläuterung zum Schreiben eines Forschungsberichts**
>
> **Ein Forschungsbericht** ist ein Text, der sich an andere Vertreter/innen des Fachs richtet, die sich für die Untersuchung interessieren, die Du durchgeführt hast. Diese Adressaten möchten wissen, warum und mit welchem Ziel Du die Untersuchung durchgeführt hast, wie Du es getan hast, was Du herausgefunden hast und ob Deine Ergebnisse signifikant und nützlich sind. Deshalb haben Forschungsberichte ein standardisiertes fünfteiliges Format:
>
> (1) Einleitung, (2) Methoden, (3) Ergebnisse, (4) Diskussion der Ergebnisse und (5) Schlussfolgerung und Empfehlungen.
>
> *Die Einleitung*: Hier erläuterst DU kurz das Ziel Deiner Untersuchung. Um welches Problem geht es? Warum beschäftigst Du Dich damit? Damit die Leser verstehen kö[nnen], Problem behandelt wird, ist es nötig, genüge

Abb. 11: Auszug aus einem Schreibauftrag
(nach Bean 2001:90f.; Übers. von S. Lahm; eigene Abbildung)

Wie andere Schreibaufträge auch, können Sie Aufträge zum forschenden Schreiben auch als Szenarien gestalten, in denen Studierende in einer fiktiven oder echten Situation etwas ganz Konkretes tun und schreiben sollen. Für die Entwicklung von Szenarien eignet sich ein Template, das ein amerikanischer Kollege auf einer Tagung präsentiert hat und seither bei uns im Schreiblabor die „Russell-Formel" heißt:

6.1 Schritt für Schritt: Forschen lehren durch Schreiben

> **Russell-Formel** (nach David Russell)
>
> Du bist ein _____
> und schreibst in der Rolle als _____
> ein _____
> an _____
> in der Rolle als _____
> mit dem Ziel _____

Die folgenden Beispiele für Aufträge forschenden Lernens wurden in Anlehnung an die Russell-Formel kondensiert:

> **Beispiel A aus der Geschichtswissenschaft**
>
> Schreiben Sie für Ihre Kommilitonen einen Bericht darüber, welche relevanten Quellen man für eine historische Arbeit über den Holocaust im Internet finden kann. Konzentrieren Sie sich auf einen spezifischen Aspekt, z.B. Hitlers Rassismusideologie und ihre Herkunft oder die Verwendung von Propaganda zur Verbreitung rassistischer Ideologien. Der Bericht sollte Informationsgehalt und Reichweite der Quellen kritisch einschätzen und nicht mehr als vier Seiten umfassen. (McGlinn 2003)

Beispiel B aus der Psychologie
Seminar »Psycholinguistische Untersuchungen zur Sprachverarbeitung in der Kommunikation«

Schreiben Sie ein Exposé, in dem Sie eine Experimentalidee skizzieren; bauen Sie dabei auf den Paradigmen auf, die wir im Seminar besprochen haben. Schreiben Sie das Exposé für mich als zukünftigen Betreuer Ihrer Abschlussarbeit. Es soll so ausgearbeitet sein, dass ich Ihnen auf dieser Grundlage eine Rückmeldung dazu geben kann, ob Sie das Experiment sinnvoll und praktikabel geplant haben. (Weiß 2009)

Beispiel C aus der Chemie

Lehrerinnen an Schulen sollten über aktuelle Forschung in der Chemie informiert sein, haben aber nicht immer Zeit, neueste Forschungsliteratur zur Kenntnis zu nehmen. Schreiben Sie einen fünfseitigen Bericht für Lehrerinnen an Schulen, indem Sie einen Artikel zu einem wichtigen Forschungsthema vorstellen: Zeigen Sie, auf welches Problem der Artikel reagiert, indem Sie die zitierte Literatur recherchieren. Beschreiben Sie, wie der Autor an das Problem herangeht und welche Lösung er vorschlägt. Zeigen Sie durch weitere Recherchen, wie in der Scienfitic Community auf den Artikel reagiert wurde. (Rossi 1997)

6.1 Schritt für Schritt: Forschen lehren durch Schreiben

Alle drei Aufgaben sind Aufträge für forschendes Schreiben, aber sie reduzieren gegenüber einem Forschungsartikel den Schwierigkeitsgrad und den Aufwand. Beispiel A greift das Auffinden von Quellen als einen Aspekt von Forschung in der Geschichtswissenschaft heraus. In Beispiel B planen die Studierenden ein Experiment und stellen ihr Vorgehen in einem Exposé dar, ohne die Forschung dann tatsächlich durchzuführen. In Beispiel C arbeiten die Studierenden sich anhand eines wissenschaftlichen Artikels in den Forschungsstand zu einem Thema ein. Auch wenn die Aufgaben Komplexität reduzieren, sind es keine künstlichen Schreibanlässe, denn jeder dieser Aufträge kann ein notwendiger Teilschritt in der Durchführung einer umfassenderen Arbeit sein.

Um Komplexität und Schwierigkeit in einem studentischen Forschungsprojekt zu steuern, können Sie bei der Art der Frage bzw. des Problems oder der Menge und Art der (Sekundär-)Literatur ansetzen. Das folgende Schema von Levy kann hilfreich sein, um Anforderungen herunterzubrechen:

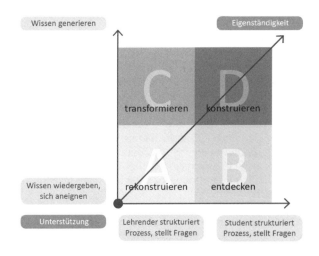

Abb. 12: Die vier Felder forschenden Schreibens
(Grafik nach Levy 2011:39)

Levy unterscheidet zwischen Forschung als Informationssuche *(Wissen wiedergeben, sich aneignen)* und Forschung als Entdeckung und Konstruktion von neuem Wissen *(Wissen generieren);* dies bildet sie auf der senkrechten Achse ab. Auf der waagerechten Achse unterscheidet sie graduell, in welchem Maß Lehrende Verantwortung für das Formulieren von Fragen und die Prozesssteuerung übernehmen. Hieraus ergeben sich vier Felder:

A. Rekonstruieren: Die Studierenden setzen sich mit dem Wissensbestand *anhand der von den Lehrenden formulierten Fragen oder Problemen* auseinander. Die Lehrenden geben die Prozessschritte vor.

B. Entdecken: Die Studierenden setzen sich mit einem Wissensbestand *anhand von selbst formulierten Fragen oder Problemen* auseinander. Sie strukturieren den Prozess selbst.

C. Transformieren: Die Studierenden setzen sich mit einer Frage oder einem Problem auseinander, *das von Lehrenden oder externen Auftraggebern* (z.B. ein Praktikumsgeber) *formuliert wurde*, und generieren hierfür Wissen.

D. Konstruieren: Die Studierenden generieren mit fachlichen Methoden Wissen, um *eine selbst formulierte Frage oder ein Problem* zu bearbeiten.

Das Schema bedeutet nicht, dass in allen Fächern die Aufgaben im Schwierigkeitsgrad von A nach D gestaffelt werden müssen. In den Geisteswissenschaften können die Studierenden hypothetisch schon im ersten Semester an „offenen" Fragen der Disziplin arbeiten, weil die möglichen Perspektiven z.B. auf einen Roman potenziell unendlich sind. In den meisten Naturwissenschaften dagegen reicht ein BA-Studium vermutlich nicht aus, um sich an die Grenze des Erforschten in einer (Sub-)Disziplin heranzuarbeiten. Trotzdem können die Studierenden hoch anspruchsvoll arbeiten, wie z.B. bei der Astronomin Martha Haynes (vgl. Kapitel 4.1), bei der sie vergleichen, wie unterschiedlich Phänomene zu verschiedenen historischen Zeitpunkten betrachtet wurden.

Vermutlich fühlen Sie sich beim Nachdenken über typische Themen für Seminar- und Abschlussarbeiten, die in Ihrem Fach vergeben werden, in einem der Felder von Levy eher zu Hause als in den anderen. Zum Beispiel ist in den Geisteswissenschaften das *Konstruieren* (Feld D) der übliche Modus. In dem Fall könnte es durchaus interessant sein zu überlegen, wie man die anderen Felder füllen könnte. Gibt es Fälle, in denen Fragen von außen an Geisteswissenschaftlerinnen herangetragen werden, die diese dann bearbeiten müssen (Feld C: *Transformieren*)? Man könnte an Auftragsarbeiten denken, die Historiker durchführen, wenn sie z.B. einen Bericht über die NS-Vergangenheit eines Unternehmens schreiben. Das Schema lädt dazu ein, die Bandbreite forschenden Schreibens in einem Fach auszuloten. Es eignet sich auch für Gespräche mit Kollegen über die Staffelung von Anforderungen in Bachelor–Studiengängen.

6.2 Anleitung zur Selbständigkeit: Studierende beim forschenden Schreiben begleiten

Kennen Sie die Geschichte von den blinden Männern, die mit verbundenen Augen um einen Elefanten herumstehen? Jeder von ihnen ertastet einen Körperteil und zieht daraus Schlüsse zum Aussehen des ganzen Elefanten: Er sei wie ein Topf (Kopf), ein weicher Korb (Ohr), eine Pflugschar (Stoßzahn), ein Pflug (Rüssel) etc. Ähnlich kann es Studierenden bei der Durchführung eines Forschungsprojekts gehen: Einzelne Handlungen sind ihnen bereits vertraut, aber den ganzen Elefanten kennen sie nicht. Deshalb ist es wichtig, ihnen zu Beginn eine möglichst klare Vorstellung davon zu vermitteln, was auf sie zukommt. Die folgende generische Liste für Arbeitsschritte, die auf Otto Kruses (2007:70ff.) ausführlicher Beschreibung basiert, kann eine gute Grundlage sein.

Arbeitsschritte bei umfangreichen Schreibprojekten

Orientierungs- und Planungsphase
- Themensuche und erste Erkundung (Überblick über Literatur)
- Thema eingrenzen
- Vorläufige Festlegung der Fragestellung bzw. Arbeitshypothese und Vorgehensweise
- Exposé (evtl. vorläufige grobe Gliederung)

Recherche und Materialbearbeitung
- Systematische Literatur-, Quellen- oder Datensammlung
- Lesen und Exzerpieren, d.h. Auswerten der Primär- und Sekundärliteratur entsprechend der Fragestellung bzw. Methode

Strukturieren des Materials
- Ordnen der Exzerpte, Daten, Notizen usw.
- Weiterverarbeitung klären, dementsprechend differenzieren, Belege organisieren
- Evtl. inhaltliche Planung revidieren, Schreibplan und Gliederung erstellen

Rohfassung schreiben
- Entsprechend der Gliederung ausformulieren
- Evtl. rückwirkend die Struktur verändern

Überarbeiten
- Roter Faden und Nachvollziehbarkeit
- Argumentation, Belege und Begriffe
- Sprachliche Gesichtspunkte: Satzstruktur, Ausdruck, Adjektive, Metaphern

Korrektur
- Korrekturlesen möglichst durch Andere
- Reinschrift und Endkorrektur

Diese Liste von Arbeitsschritten ist nicht spezifisch, sie muss also noch an die konkreten Schritte in Ihrem Fach angepasst werden. Sie können die Übersicht nutzen, um sich mit Studierenden über die Zusammenarbeit im Prozess zu verständigen. Wo werden Sie als Betreuer aktiv? Was müssen die Studierenden allein tun? Welche

6.2 Anleitung zur Selbständigkeit

Zwischenprodukte erwarten Sie? Wie geben Sie darauf Rückmeldung? Die Momente, in denen Lehrende von Studierenden „Zwischenprodukte", d.h. Texte aus dem Arbeitsprozess wie z.b. eine Gliederung, ein Exzerpt oder die Rohfassung eines Kapitels zu sehen bekommen, sind die Navigationsstellen im Prozess. Die Studierenden rudern ihr Forschungsboot selbst, aber die Lehrenden geben Rückmeldung, damit sie sich in dem unbekannten Terrain orientieren können, und helfen, wenn nötig, den Kurs zu korrigieren.

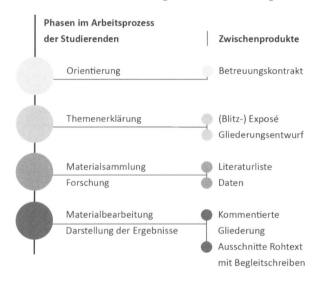

Abb. 13: Zwischenprodukte im Betreuungsprozess (eigene Grafik)

Zu jeder dieser Navigationsstellen hat das Bielefelder Schreiblabor Übungen und Material entwickelt, die in Frank, Haacke & Lahm (2013) ausführlich beschrieben werden. Ich gehe deshalb hier nur auf die Unterstützung in der Orientierungs- und Planungsphase ein, eine der wichtigsten Phasen im Betreuungsprozess.

Für Studierende ist die Entwicklung oder Präzisierung der Fragestellung eine der schwierigsten Aufgaben beim forschenden Schreiben. Sie brauchen dafür einen Referenzrahmen und eine Vorstellung davon, für welche Art von Fragen sich Wissenschaftlerinnen und Wissenschaftler in ihrem Studienfach interessieren. Dies ist eine prinzipielle Voraussetzung für jeden weiteren Erkenntnisgewinn im Fach, denn „man versteht etwas, indem man es versteht als Antwort auf eine Frage; anders gesagt: Man versteht es nicht, wenn man nicht die Frage kennt und versteht, auf die es die Antwort war oder ist" (Marquard 1981:118). Wenn Studierende im Laufe ihres Studiums bereits viele problem- und fragenorientierte Aufgaben bearbeitet haben, ist ihnen die Art und Weise des Fragens in ihrem Fach vermutlich geläufig. Trotzdem brauchen sie zur Fragestellung in jedem Fall Rückmeldung. Grundlage für ein Gespräch zur ersten inhaltlichen Planung kann ein sogenanntes Blitzexposé sein. Es ist weniger ausgearbeitet als sein großer Bruder, das Forschungsexposé, enthält aber grundsätzlich die gleichen Fragen. Eine Checkliste hilft Studierenden, erste Überlegungen zu ihrem Projekt zu entwickeln und festzuhalten:

ÜBUNG

Blitzexposé

Studierende

Bitte beantworten Sie die folgende Fragen für Ihr eigenes Arbeitsprojekt so konkret wie möglich und mit eigenen Worten. Überlegen Sie, was Sie noch klären müssen, wenn Sie merken, dass Sie einzelne Fragen noch nicht beantworten können. Notieren Sie möglichst alle Fragen und Unsicherheiten, die sich beim Überlegen ergeben.

- Wie lautet mein Thema?
- Was will ich wissen (Fragestellung)?
  Oder belegen (Hauptaussage)?
  Oder prüfen (Arbeitshypothese)?
- Was ist daran wichtig (Erkenntnisinteresse)?
- Woran (an welchem Material) will ich das herausfinden bzw. belegen bzw. prüfen? An einem Text oder mehreren? Quellen? Daten? Habe ich mein Material schon? Muss ich es noch erschließen, finden oder erheben?

6.2 Anleitung zur Selbständigkeit

- Was will ich in meiner Arbeit hauptsächlich tun: Argumentieren? Beschreiben? Analysieren? Vergleichen? Interpretieren? Anderes?
- Wann will ich die Arbeit abgeschlossen haben?
- Was will ich mit der Arbeit erreichen?

—— **ÜBUNG** ——

Übung 14 für Studierende: Checkliste für ein Blitzexposé
(aus: Frank, Haacke & Lahm 2013:29)

Den Fragen des Blitzexposés liegen drei Dimensionen zugrunde, die nach Rienecker (2003) bei der Planung von Forschungsprojekten zu berücksichtigen sind: Da ist erstens *die Frage*, die nicht nur grammatisch eine Frage sein sollte, sondern eine, die bezogen ist auf die beiden anderen Dimensionen des Dreiecks: zum einen *die Welt*, das Beforschte in Form von Material anhand dessen sich die Frage beantworten lässt. Je nach Fach können das Quellen, empirische Daten oder Primärtexte sein. Schließlich braucht man noch *die Disziplin*, die das „Wie" der Bearbeitung bestimmt – dazu zählt im weitesten Sinne alles was als Sekundärliteratur gilt, also Texte zur Theorie, Methoden und Hintergrundwissen.

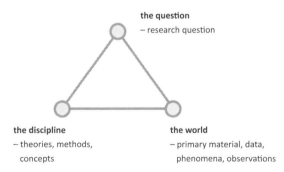

Abb. 14: Dreieck der inhaltlichen Planung von Forschungsarbeiten
(aus: Rienecker 2003)

Das Dreieck der inhaltlichen Planung ist ein gutes Instrument, um anhand des Blitzexposés mit den Studierenden ihr weiteres Vorgehen zu besprechen. Im besten Fall sind die drei Dimensionen aufeinander bezogen wie in diesem Beispiel: Eine Geschichtsstudierende schreibt eine Arbeit zur Funktion des Gastmahls im antiken Rom. Sie untersucht dafür Quellentexte von Cicero und bezieht sich auf historische Fachliteratur zur sozialen und politischen Kultur in der Antike.

Anders in folgendem Beispiel: Ein Studierender der Organisationssoziologie interessiert sich für Konflikte in Wohngemeinschaften. Er hat sich mit Literatur zum Thema Konflikte und Konfliktunterdrückung befasst und sich dabei in der Vielzahl theoretischer Bestimmungen verloren. Er braucht Beratung dazu, wie er sich dem Gegenstand empirisch nähern kann. Anhand welcher Daten kann er Aussagen über Konflikte treffen? Auf der Grundlage von Befragungen, Interviews, teilnehmender Beobachtung? Je nach Art der Empirie wird er sich dann noch mit den entsprechenden Methoden befassen müssen.

Die Checkliste für das Blitzexposé und das Dreieck zur inhaltlichen Planung eignen sich auch gut für Rückmeldung in Situationen, in denen Studierende ihre ersten Planungen vorstellen und darauf ein Feedback von Ihnen und den Kommilitoninnen erhalten.

Es hat viele Vorteile für Sie, wenn Sie Studierende bereits in Seminaren an ihren Forschungsprojekten arbeiten lassen: Sie sparen dadurch Kraft und Zeit, weil Sie allgemeine Informationen gebündelt an die ganze Gruppe weitergeben und Ihre Studierenden sich gegenseitig unterstützen können. Eckpunkte der Begleitung im Rahmen von Seminaren sind die Zwischentexte, die im Forschungsprozess entstehen. In dem oben genannten Beispiel zur Hausarbeit über die Funktion des Gastmahls könnte das z.B. eine Quellenanalyse, eine Bibliographie der zehn wichtigsten Publikationen zum Thema und ein Blitzexposé sein.

Sie können sich darüber hinaus auch dadurch entlasten, dass sie verschiedene Orte schaffen, in denen Studierende ihr Projekt eigenständig, aber sozial eingebunden voranbringen können. Dysthe et al. nennen solche Orte „Arenen der Betreuung" (Dysthe et al. 2006:199).

6.2 Anleitung zur Selbständigkeit

Drei Arenen der Betreuung

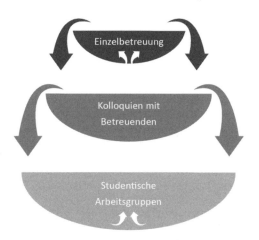

Abb. 15: Arenen der Betreuung (nach Dysthe et al. 2006:299); eigene Grafik

Das Schreiben einer Forschungsarbeit verlangt fachliche, aber auch motivationale und soziale Kompetenzen. Das Modell zur Betreuung von Abschlussarbeiten von Dysthe et al. setzt darauf, dass Studierende sich sehr gut wechselseitig unterstützen und motivieren können, und zwar auch – oder vielleicht sogar gerade – ohne Einmischung des betreuenden Lehrenden. Studentische Arbeitsgruppen sind nach Dysthe et al. entsprechend die erste Arena der Betreuung. Die Studierenden treffen sich im Semester einmal wöchentlich und danach nach Bedarf. Sie tauschen sich aus, geben sich gegenseitig Rückmeldung auf Textproben und ermutigen sich gegenseitig, wenn es schwierig wird.

Eine zweite Arena der Betreuung sind monatliche „supervision groups", wir würden von Kolloquien sprechen. Hier werden die entstehenden Arbeiten fachlich kritisch diskutiert. Zu dieser Diskussion tragen sowohl die Studierenden als auch die Lehrenden bei. Dysthe führt das Kolloquium bewusst zusammen mit einer Kollegin durch, weil sie weiß, dass ihre Kollegin manche Dinge durchaus anders einschätzt als sie selbst. Studierende erleben so im Kolloquium durch die Interaktion der Lehrenden untereinander „live", dass fachliche Einschätzungen und Argumentationen kontrovers sein können und sie den Hinweisen ihrer Betreuerinnen deshalb nicht blind folgen müssen.

Die dritte Arena ist schließlich die Einzelbetreuung. Hier stehen Standards und Bewertungskriterien im Vordergrund. Do's und Don'ts werden abgestimmt und die Lehrende gibt Rückmeldung dazu, ob die Arbeit den Anforderungen genügt.

Dysthe et al. haben den Arenen-Ansatz auch empirisch untersucht und Studierende zu ihren Erfahrungen mit dieser Art von Betreuung befragt. Sie kommen zu dem Ergebnis, dass eine solche Betreuung in verschiedenen Arenen wesentlich zur Eigenständigkeit der Studierenden beitragen kann: „The students felt that the supervision groups and colloquia took the onus of the individual supervision meeting. Our findings indicate that: (1) less time was spent on individual supervision; (2) it was not so critical if the chemistry between student and supervisor was not perfect; and (3) controversies were less threatening" (Dysthe et al. 2006:311).

Dieses Kapitel hat gezeigt, wie Haus- und Abschlussarbeiten als Aufträge zum forschenden Lernen angelegt werden können und welche Möglichkeiten es gibt, Studierende in größeren Schreibprojekten ressourcenschonend zu begleiten. Aufträge zum forschenden Schreiben sind auch eine mögliche Antwort auf die Frage nach der Zukunft der Hausarbeit. Macgilchrist und Girgensohn (2011) beobachten, dass im Zuge der Bologna-Reform Haus- und Seminararbeiten zunehmend von kürzeren Texten verdrängt werden, die eher der Wissenswiedergabe dienen. Studierende im Bachelor nicht mehr forschend schreiben zu lassen, hieße aber, das Kind mit dem Bade auszuschütten. Denn es ist durchaus auch in Bachelorstudiengängen möglich, Studierende an Forschung heranzuführen. Denjenigen, die über das Niveau der Arbeiten klagen und es auf die veränderten Studienbedingungen zurückführen, hält Frank entgegen, es habe diese Probleme immer gegeben, sie würden jetzt nur sichtbar (Frank 2006). Folgt man Frank, so können die BA-Studiengänge eine Chance sein, Haus- und Seminararbeiten ein neues Gesicht zu geben, und zwar dann, wenn man sie als Schreibaufträge für forschendes Lernen konzipiert und nach Schwierigkeiten staffelt.

7 Von der Neugier und der Lust auf gute Texte

Es liegt ein Stapel mit 30 Hausarbeiten von Studierenden auf dem Tisch. Sind Sie neugierig oder überwiegt Unlust?

Mir geht es mal so, mal so. Die ersten fünf Texte lese ich meist mit Vergnügen. Schneller, als mir lieb ist, stellt sich aber auch Ungeduld ein: Es dauert viel zu lange, der Stapel wird nicht kleiner ... Wie kann es gelingen, sich die grundlegende Neugier des vielesenden Akademikers auch beim Lesen und Bewerten studentischer Texte zu erhalten? Wenn man davon ausgeht, dass akademische Lesende per se neugierig sind, stellt sich die Frage: Was muss passieren, damit sie diese Neugier verlieren? Im Fall der studentischen Texte ist es wenig wahrscheinlich, dass Lehrende das Thema nicht interessiert, schließlich haben sie den Schreibauftrag gegeben. Sollten Sie also von studentischen Texten gelangweilt sein, wäre das ein Grund, den Schreibauftrag zu überdenken. Ein weiterer Neugierkiller sind schlecht geschriebene Texte. Studierende sind natürlich noch keine Expertinnen für das Schreiben in einem Fachgebiet, doch das muss nicht notwendigerweise dazu führen, dass die Texte langweilig sind. Im Gegenteil: Es kann spannend sein zu lesen, wie Studierende Literatur wiedergeben, die einem sehr vertraut ist, und wie sie sich Themen und Fragen nähern, die im Seminar besprochen wurden. Studentische Texte sind auch ein Feedback auf Lehre: Was ist bei den Studierenden angekommen? Was konnten sie mit dem, was ihnen angeboten wurde, anfangen? So gesehen erscheinen studentische Texte also keineswegs uninteressant. Wieso empfindet man es dann oft als Bürde, mitunter sogar als Qual, sie zu lesen?

Studien zum Bewertungs- und Benotungsverhalten von Lehrenden (Hodges 1997; Bean 2011:74ff.) zeigen, dass Lehrende, wenn sie studentische Texte lesen, häufig sofort in die Rolle von Korrigierenden schlüpfen. Sie kommentieren nicht den Inhalt oder Möglichkeiten zur gedanklichen Vertiefung und Klärung, wie sie es bei Texten von Kollegen tun würden, sondern lesen mit dem Rotstift in der Hand, markieren grammatische Fehler, versehen den Text mit Kürzeln wie „ugs." (= umgangssprachlich), Ein-Wort-Fragen („wieso?"),

Ausrufen („unklar!") und Symbolen („!?"). Kommentare in ausformulierten Sätzen dienen meist nur dazu, die Note zu rechtfertigen. Es ist unklar, warum Lehrende studentische Texte so anders lesen als die von Kolleginnen. Vielleicht mangels verfügbarer alternativer Strategien, d.h. man setzt fort, wie man selbst Textkommentare erfahren hat, vielleicht aber auch aus Ressourcengründen?

Möglich ist auch, dass die Lehrenden sich als Hüter disziplinärer Standards verstehen und den Studierenden durch die Korrekturen vermitteln wollen, was im Fach (in)akzeptabel ist. Wenn ein Text voller Rechtschreibfehler ist, kratzt das am professionellen Ethos. Das kann so weit gehen, dass Lehrende sich verpflichtet sehen, jeden einzelnen Fehler in einem studentischen Text zu korrigieren – so wie eine Germanistin, die im Workshop berichtet, sie könne fehlerhafte Texte nicht „durchgehen" lassen, ohne vor Kollegen ihr Image zu beschädigen.

Aus schreibdidaktischer Perspektive bringt das Lesen im Korrekturmodus mehrere Probleme mit sich: Zum einen verstellt der Blick auf Fehler den Blick auf die Inhalte und mögliche Stärken des Texts. Studien belegen, dass Lehrende in studentischen Texten mehr Fehler sehen als in den Texten von Kollegen (Bean 2011:74). Zum anderen kommunizieren Lehrende durch die Konzentration auf Fehler, dass korrekte Grammatik, Rechtschreibung und Syntax das Wichtigste an einem Text sind. Die Möglichkeit, Texte von Studierenden als (schriftliche) Fortführung der inhaltlichen Kommunikation im Seminar zu sehen, tritt dadurch in den Hintergrund. Versteht man diese Texte aber als Teil der Lehrveranstaltung, dann sind genau diese Momente, in denen die Texte gelesen und kommentiert werden, ganz entscheidende Momente für den weiteren Lernprozess der Studierenden. Wenn Lehrende Studierende bei der Textkommentierung als Gesprächspartner behandeln, führt das zu einer anderen Haltung beim Lesen und einer anderen Art des Kommentierens: Man achtet erstens stärker auf Inhalte und sucht nach Anknüpfungspunkten, um das inhaltliche Gespräch fortzuführen. Daraus ergibt sich notwendigerweise, dass die Texte nicht nur zur Benotung gelesen werden, sondern in der Veranstaltung eine Rolle spielen. Es ist deshalb sinnvoll, die Texte – nicht nur, aber *auch* – im laufenden Semester schreiben zu lassen.

Zweitens kommentiert man überarbeitungsorientiert. Es ist oft vergebliche Mühe, nach der letzten Abgabe Hinweise zur Verbesserung von Texten insgesamt zu geben. Oft verschwinden Kommentare ungelesen in der Schublade und manchmal holen sich die

Studierenden die Arbeiten gar nicht ab. Wenn Studierende dagegen im Seminar einen ersten Entwurf schreiben, den sie dann noch einmal bearbeiten, können Lehrende gezielte Überarbeitung einfordern. Mehr dazu in Kapitel 7.1. Schließlich wird so kommentiert, dass die Benotung nicht das Lernklima und die Beziehung zwischen Lehrenden und Studierenden bestimmt. Darauf geht Kapitel 7.2 ausführlicher ein.

7.1 Ein guter Text ist kein One-Night-Stand: Überarbeitung ermöglichen

In der Schreibprozessforschung ist seit Langem bekannt, dass Studierenden das Wissen darüber fehlt, wie man rhetorisch anspruchsvolle Texte überarbeitet. Diese Forschung ist für Lehrende deshalb interessant, weil sie konkrete Ansatzpunkte liefert, wie Studierende beim Überarbeiten von Texten unterstützt werden können:

„Revision strategies of students and experienced adult writers": eine Studie

Nancy Sommers (1980) nimmt die Unterschiedlichkeit von gesprochener Sprache und Schreiben zum Ausgangspunkt ihrer Studie. Der Unterschied zwischen Schreiben und Sprechen liege in der Möglichkeit zum Überarbeiten. Sommers kritisiert lineare, am Sprechen orientierte Schreibprozessmodelle (z.B. Denken – Formulieren – Überarbeiten), die Überarbeitung als eine eigene Phase am Ende des Schreibprozesses verstehen. Danach bedeute Überarbeiten lediglich, die schriftlich in Worte gefassten Gedanken auf „Richtigkeit" zu überprüfen. Diese Modelle blendeten aus, wie Gedanken sich beim Schreiben durch die Versprachlichung rekursiv formen. Das geschehe nicht nur am Ende des Schreibprozesses, sondern über den gesamten (!) Schreibprozess hinweg. Entsprechend definiert Sommers Überarbeitung als „sequence of changes in a composition – changes which are initiated by cues and occur continually throughout the writing of a work" (Sommers 1980:380).

Gegenstand der Studie sind die Überarbeitungsstrategien von 20 Studierenden im ersten Studienjahr (fachübergreifender Composition Course), die Sommers mit den Überarbeitungsstrategien von 20 erfahrenen Schreibenden verglichen hat, darunter Zeitschriftenherausgeber, Wissenschaftlerinnen und Journalisten. Die Texte der Probanden (pro Person drei Essays, zwei Überarbeitungen pro Essay) wurden untersucht mit Blick auf vier Überarbeitungsstrategien (Streichen, Ersetzen, Hinzufügen, Umstellen) und vier Ebenen der Überarbeitung (Wort, Formulierung, Satz, Thema). Zusätzlich wurde ausgewertet, wie die Schreibenden in anschließenden Interviews ihr Vorgehen kommentieren und begründen.

Überarbeitungsstrategien von studentischen Schreibern

Die Ergebnisse sind bemerkenswert: Nach Sommers sprechen die Studierenden nicht von „revision", wenn sie ihre Arbeit am Text beschreiben, sondern gebrauchen Formulierungen wie „scratch out and do over again", „reviewing", „redoing", „marking out", „slashing and throwing out". Alle diese Formulierungen bezeichnen Veränderungen auf Wort- oder Satzebene: Einzelne Wörter werden gestrichen und durch „bessere" ersetzt, Sätze werden verschoben etc. Darin drückt sich nach Sommers nicht fehlender Wille zur Überarbeitung aus, die Studierenden kennen Überarbeitung vielmehr nur als Korrektur auf Satzebene und wenden Regeln an, ohne ihren Sinn zu verstehen und sie auf die kommunikative Funktion des Gesamttextes beziehen zu können. Die Studierenden betrachten ihre Überarbeitung als beendet, wenn sie im Text nichts mehr finden, was die einmal gelernten Regeln stört (z.B. „Vermeiden Sie Wiederholungen"). Was fehlt, ist ein Verständnis nicht nur für lexikalische, sondern auch für semantische Veränderungen.

Überarbeitungsstrategien von erfahrenen Schreibern

Die erfahrenen Schreiber thematisieren Überarbeitungen auf allen Ebenen des Textes; sie sprechen dabei von „rewriting" und „revising". Ihre Überarbeitung zielt darauf, ihrem Text in mehreren Schritten eine Gestalt zu geben: „First drafts are usually scattered attempts to define their territory, their objective in the second draft is to begin observing general patterns of development and deciding what should be included and what excluded" (Sommers 1980:384). Überarbeitung findet also im gesamten Textproduktionsprozess laufend statt. Dabei sind den erfahrenen Schreibenden stets mehrere Dimensionen präsent (Kohärenz, Verhältnis zwischen Textteil und Ganzem, Antizipieren von Leserreaktionen u.v.m.); ihre Überarbeitungskompetenz besteht gerade darin, trotz der Aktivitäten auf mehreren Ebenen den

Hauptfokus nicht aus dem Auge zu verlieren und so zielgerichtet zu einem Ergebnis zu kommen.

Der Vergleich der beiden Gruppen zeigt, dass die Studierenden ihre Texte „fertig" schreiben und dann *an der Sprache*, d.h. an einzelnen Wörtern und Sätzen arbeiten, um sie gelernten Normen anzupassen, während die erfahrenen Schreiber *in der Sprache* arbeiten und Bedeutung im Akt des Schreibens selbst herstellen: „It is a sense of writing as discovery – a repeated process of beginning over again, starting out new – that the students failed to have" (ebd.:387). Mit den folgenden Grundprinzipien kann man das Schreiben für Studierende als Entdeckungsreise gestalten:

1. **Studierende brauchen Gelegenheiten, um das Schreiben als heuristischen, erkenntnisbildenden Prozess zu erfahren.** Indem sie mehrere Versionen schreiben, erfahren sie, dass Schreiben hilft, Gedanken in Sprache zu bringen und sie dabei zu klären. Hilfreich dafür sind insbesondere informell-explorative Schreibaktivitäten, die in Kapitel 5 beschrieben werden.

2. **Das Schreiben von mehreren Textentwürfen schult die Wahrnehmung für die unterschiedlichen Ebenen von Überarbeitung.** Wenn Lehrende, wie in Kapitel 3.2 beschrieben, problemfokussierte Schreibaufgaben nutzen, erleichtert das den Studierenden die Überarbeitung. Die Aufgabe nennt übergeordnete Gesichtspunkte (Ziel, Adressaten, Problem etc.), an denen sie sich dabei orientieren können. Wenn man also Studierende zum Überarbeiten von Texten anhalten möchte, ist es wichtig, dies schon bei der Planung der Lehrveranstaltung zu berücksichtigen, insbesondere bei den Aufgabenstellungen zum Schreiben. Wie bereits erwähnt, ist ein fertig geschriebener Text für viele Studierende wie „in Stein gemeißelt" und sie wissen nicht, wie sie ihn gedanklich wieder öffnen sollen. Gottschalk und Hjortshoj empfehlen folgende Strategien, um eine vorzeitige gedankliche Gestaltschließung zu verhindern (Gottschalk & Hjortshoj 2004:67):

a. In einem frühen Stadium *über* den eigenen Text schreiben lassen, um den Studierenden den Prozess der gedanklichen Entwicklung bewusst zu machen,
b. eine Einleitung schreiben lassen, die Studierende mit einem Kommentar abgeben (was habe ich warum wie gemacht?),
c. von Texten oder auch nur einzelnen Abschnitten mehrere Versionen einfordern.

Selbstverständlich ist es aufwändig, wenn Texte von Studierenden mehrfach – vor und nach der Überarbeitung – gelesen werden müssen. Um sich die Arbeit zu erleichtern, kann man mit Peer Feedback arbeiten (vgl. 5.1). Oder Sie bitten Studierende, sich nur ausgewählte Stellen zur Überarbeitung vorzunehmen und kommentieren dann nur diese Ausschnitte. Hilfreich ist es auch, wenn Studierende vorab ihre überarbeitete Version kommentieren und ggf. auch Probleme damit beschreiben. Sie können dann zielgerichtet auf diese Aspekte eingehen.

3. Studierende sollten die Chance haben, sich ihre Strategien beim Überarbeiten bewusst zu machen, damit sie ihr Repertoire erweitern können.

Man kann Studierende anhand von Beispieltexten fragen, was an diesen Texten gelungen ist und wie man sie noch verbessern könnte. Im Anschluss kann die Lehrende zeigen, wie sie selbst diese Texte überarbeiten würde. Dabei sollten insbesondere übergeordnete Aspekte wie Adressatenorientierung, Struktur etc. thematisiert werden. Die folgende Übersicht über die Ebenen der Textüberarbeitung kann dabei helfen, allerdings sollte die Liste an die Anforderungen der jeweils spezifischen Schreibaufgabe angepasst werden. Inhaltlich ist die Liste weitgehend übernommen aus dem Bietschhornmodell von Ulmi et al. (2014:48) allerdings sind die Ebenen in umgekehrter Reihenfolge angeordnet, um die Reihenfolge des Vorgehens (erst „higher order concerns", dann „lower order concerns") hervorzuheben:

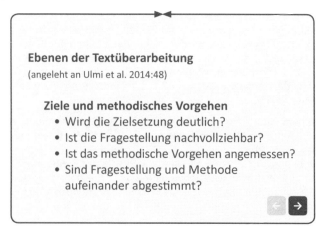

Ebenen der Textüberarbeitung
(angelehnt an Ulmi et al. 2014:48)

Ziele und methodisches Vorgehen
- Wird die Zielsetzung deutlich?
- Ist die Fragestellung nachvollziehbar?
- Ist das methodische Vorgehen angemessen?
- Sind Fragestellung und Methode aufeinander abgestimmt?

7.1 Ein guter Text ist kein One-Night-Stand

- **Adressaten**
  - Ist der Text auf die Adressaten zugeschnitten?
  - Sind metakommunikative Hinweise sinnvoll gesetzt?
  - Wird das richtige Maß an Vorwissen vorausgesetzt?
  - Ist die Sprache angemessen?

- **Thema, Inhalt**
  - Ist das Thema relevant?
  - Wird relevante Fachliteratur berücksichtigt?
  - Sind Inhalte, Fragestellung und Methoden aufeinander abgestimmt?

- **Struktur**
  - Ist der thematische Fokus erkennbar und nachvollziehbar?
  - Sind die thematische Entfaltung und Gliederung nachvollziehbar?

- **Sprache**
  - Sind die Sätze funktional und die Grammatik korrekt?
  - Ist die Wortwahl angemessen?
  - Sind Rechtschreibung und Zeichensetzung korrekt?

Die Liste orientiert sich an fachübergreifend geltenden Standards und sollte deshalb unbedingt an die Schreibaufgabe angepasst werden. Wichtig ist, eigene Kriterien nach Priorität zu ordnen, damit Studierende wissen, worauf es vor allem ankommt und was nachrangig ist, denn niemand kann bei der Überarbeitung gleichzeitig alle Dimensionen berücksichtigen.

Mängel auf sprachlicher Ebene – was tun?

In der Schreibdidaktik betrachtet man formale Aspekte der Texproduktion (Rechtschreibung etc.) als „lower order concerns" (Bean 2011:304) – nicht weil sie weniger wichtig wären, sondern weil es Lernprozesse behindern kann, wenn zu viel Aufmerksamkeit auf diese Ebene gelenkt wird. Schreiben ist kognitiv extrem anspruchsvoll. Wenn wir Neues lernen (neue Themen, neue Formate des Schreibens, neue rhetorische Kontexte etc.), konzentrieren wir uns kognitiv auf die neuen Herausforderungen. Dadurch steht weniger Aufmerksamkeit für andere Textdimensionen zur Verfügung: Wir bilden unzusammenhängende Sätze, schreiben Worte falsch, vergessen Kommata. Wenn der Blick nun zu sehr auf diese „lower order concerns" gelenkt wird, zieht das Energie von den anderen Ebenen ab. Bean empfiehlt, dem Lernprozess zu vertrauen und darauf zu setzen, dass sich die formale Korrektheit verbessert, sobald die Studierenden in den anderen Bereichen sicherer geworden sind (Bean 2011:77ff.). Das heißt aber nicht, die Studierenden aus ihrer Verantwortung für einen formal korrekten Text zu entlassen. Vielleicht gelingt es dadurch aber leichter, fehlerhafte erste Entwürfe zunächst zu akzeptieren. Formal korrekte Texte entstehen durch die Überarbeitung. Sollten Endfassungen immer noch viele sprachliche Fehler aufweisen, können Sie:

1. die Benotung verweigern und den Text erst akzeptieren, wenn er sprachlich überarbeitet wurde;
2. einen oder zwei Absätze korrigieren und die Studierenden auffordern, das für den weiteren Text fortzusetzen;
3. wiederkehrende Fehler identifizieren und so das Bewusstsein der Studierenden für ihre Fehlermuster schärfen;
4. Fehler am Rand mit einem Strich oder Kreuz markieren, ohne sie zu berichten, und den Text überarbeiten lassen;
5. die Studierenden einzelne Textabschnitte laut lesen lassen, meist fallen ihnen die Fehler dabei selbst auf.

Es empfiehlt sich nicht, die Texte „durchzukorrigieren". Sie tun damit sich selbst keinen Gefallen, aber auch Ihren Studierenden nicht: beide Seiten haben mehr davon, wenn Texte überarbeitungsorientiert kommentiert werden und die Aufmerksamkeit bei den Inhalten und den übergreifenden Textdimensionen liegt.

Kommentierungen, die zur Überarbeitung anregen

Kommunikation ist störanfällig – insbesondere Kommunikation auf dem Papier. Hodges (1997) zeigt eindrucksvoll, wie viele Missverständnisse entstehen, wenn Lehrende die Texte von Studierenden kommentieren. Das größte Problem dabei ist, dass die Studierenden Globaleinschätzung und Detailkommentar oft nicht aufeinander beziehen können, weil sie die Kriterien der Lehrenden nicht kennen und ihnen dadurch alle Kommentare gleichrangig erscheinen. Es hilft Studierenden, wenn Lehrende ihre Maßstäbe und Qualitätskriterien schon mit der Aufgabenstellung offenlegen. Wer mit einer bestimmten Schreibaufgabe häufiger arbeitet, sollte dafür ein Raster (engl. „rubric") entwickeln. Das erfordert zunächst etwas Zeit, aber dieser Aufwand zahlt sich später aus, weil die Texte rascher kommentiert werden können. Bei der Entwicklung eines Rasters gehen Sie weniger von übergeordneten Kriterien für Schreibqualität aus, sondern davon, was Ihnen bei einer Aufgabe wichtig ist (vgl. Anson & Dannels 2002):

 **ÜBUNG** — Lehrende

Schritte zur Entwicklung eines Rasters für Qualitätskriterien einer Schreibaufgabe

1. Listen Sie alle intellektuellen Aktivitäten auf, die Ihre Schreibaufaufgabe fordert.

2. Beschreiben Sie, woran Sie im Text erkennen werden, dass Ihre Studierenden diese Aktivitäten durchgeführt haben.

3. Nennen Sie weitere Textqualitäten, die Sie erwarten und die Sie im zweiten Schritt nicht benannt haben.

> **ÜBUNG**
>
> 4. Mit den Merkmalen, die Sie identifiziert haben, können Sie nun Ihr Raster anlegen. Sie können für jedes der genannten Merkmale Grade der Ausführung beschreiben (Wie sehen eine *sehr gute*, eine *gute* und eine *mäßige* Ausführung aus?) oder die Kriterien auflisten und dazwischen ein paar Zeilen frei lassen, um zu kommentieren, wie sie umgesetzt wurden. Wenn Sie im Netz unter den Stichworten „writing" und „rubric" suchen, werden Sie viele Beispiele finden.

Übung 13: Schritte zur Entwicklung eines Rasters (nach Anson & Dannels 2002)

Es ist sinnvoll, sich auf einige wenige Qualitätskriterien zu beschränken. Je mehr Kriterien man hat, desto aufwändiger ist das Kommentieren. Das folgende Raster (vgl. Bean 2006) beschränkt sich auf vier Kriterien. Der Lehrende kann abhaken, inwieweit die Kriterien umgesetzt wurden. Das Raster eignet sich deshalb gut, um viele Texte zu benoten. Die Kriterien beziehen sich auf eine Aufgabe, in der Studierende lernen sollten, Grafiken in einen Text einzubeziehen, und dafür die Aufgabe hatten, (in einem fiktiven Szenario) als technische Schreiber für eine Nichtregierungsorganisation (NGO) einen kurzen, informativen Beitrag für deren Webseite zu verfassen. Die NGO befasst sich mit Energiepolitik.

Grading rubric for graphics assignment

|─────────────── Quality of content ───────────────|
(tells a significant energy story)

- Tries to change reader's original view about some aspect of energy production or consumption
- Has a clear informative purpose
- Increases reader's understanding of an energy issue
- Shows significance of issue
  - 10 | 9 | 8 • Meets all criteria at high level; clear and easy to follow
  - 7 | 6 | 5 | 4 • Meets some criteria; uneven or has some lapses in clarity or development
  - 3 | 2 | 1 | 0 • Meets few criteria; often unclear or undeveloped

|─────────────── Quality of graphic/s ───────────────|

- Graphics are visually appealing and easy to read
- Graphics have effective titles that refer to all pertinent dimensions of the graphic (both axes, legends)
- Graphics have effective labels, legends
- Graphics are effectively referenced in text
  - 10 | 9 | 8 • Meets all criteria at high level; clear and developed
  - 7 | 6 | 5 | 4 • Meets some criteria; uneven; some lapses in clarity
  - 3 | 2 | 1 | 0 • Meets few criteria; often unclear or undeveloped

|─────────── Quality of the interrelationship ───────────|
between graphics and words

- Follows principle of „independent redundancy" (tells in words the same story told by the graphic)
- Chooses effective details from the graphic to highlight the graphics' message
- Is easy to follow—reader readily sees how graphic supports story and story supports graphic

10 | 9 | 8 • Meets all criteria at high level; clear, easy to follow
7 | 6 | 5 | 4 • Meets some criteria; uneven or has some lapses in clarity or development
  • Meets few criteria; often unclear or undeveloped

——————— Has strong overall effectiveness ———————
(professional appearance, clarity, impact)

- Is two-column formatted to look like a magazine page
- Effectively integrates graphics into the page design
- Is clear, well-organized, concise, adequately developed, and graceful
- Is well-edited without errors in grammar, punctuation, usage, or spelling (see separate reduction below for editing errors)

10 | 9 | 8 • Meets all criteria at high level
7 | 6 | 5 | 4 • Meets some criteria; uneven
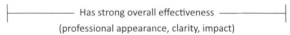
  • Meets few criteria

Abb. 16: Grading Rubric for Graphics Assignments
(aus: Bean 2006; eigene Grafik)

Es ist nicht so einfach, ein klares, aussagekräftiges Raster zu formulieren. Ein kleiner Trost: Ein gutes Raster entsteht nicht in einem Wurf. Sie werden immer wieder darauf zurückkommen und es mit Ihren Beobachtungen zu den Texten von Studierenden empirisch „anreichern". Mit der Zeit finden sich dadurch immer bessere Formulierungen für Kriterien.

Wer sich die ganze Arbeit gemacht hat, sollte das Raster unbedingt auch *in* der Veranstaltung nutzen und nicht nur zur Kommentierung der Texte. Man kann Beispieltexte zeigen, um die Kriterien zu illustrieren, oder die Studierenden im Peer Feedback mit dem Raster arbeiten lassen. Erst wenn Studierende ein Raster „in Aktion" erlebt haben, sind sie auch in der Lage, sich beim Schreiben zu Hause daran zu orientieren.

Aber auch ohne Raster können Sie dafür sorgen, dass sich der Aufwand des Kommentierens lohnt, indem Sie einige grundlegende Prinzipien beachten. Jeder weiß aus Peer Reviews zu eigenen Publikationen, wie ein gutes, überarbeitungsorientiertes Feedback aussieht (und auch was weniger hilfreich ist). Viele Hinweise, die man in der Literatur findet, orientieren sich an dieser etablierten Praxis. Hier eine Zusammenfassung der wichtigsten Punkte:

Studentische Texte kommentieren

1. **Leser bleiben:** Man teilt mit, wodurch der Text einen als Leser angesprochen hat und was einem gut gefallen hat.

2. **Stärken zeigen:** Stärken im Text werden benannt, so dass Studierende darauf aufbauen können.

3. **Higher Order Concerns First:** Es werden einige zentrale Aspekte hervorgehoben. Man konzentriert sich auf die „higher order concerns" (Inhalt, Fokus, Organisation, Ziel). Überkommentierung kostet unnötig Zeit, weil Studierende zu viele Hinweise nicht umsetzen können.

4. **Kommentare am Textrand illustrieren den Gesamtkommentar:** Ein Problem des ganzen Textes (z.B. die Struktur) wird mit einigen Textstellen illustriert.

5. **Beziehung herstellen:** Man kann den Kommentar als einen einige Zeilen umfassenden Brief verfassen oder Studierende bereits vorab um eine Einschätzung des Textentwurfs bitten. Oft wissen Studierende gut um die eigenen Schwächen und der Kommentar kann an ihre Selbsteinschätzung anschließen.

Ein Gesamtkommentar kann wie folgt aufgebaut werden:

- Anrede
- Zusammenfassung der wichtigsten Inhalte
- Diskussion der Stärken
- Nennung einiger Schwächen, die wichtigsten zuerst
- Empfehlungen zur Überarbeitung bzw. Hinweise für zukünftige Texte
- Schluss und Unterschrift

6. **Erste Entwürfe sind erste Entwürfe:** Man sollte sie nicht als fertige Texte lesen, sondern auf das Entwicklungspotential achten.

7. **Respekt zeigen:** z.B. durch eine leserliche Handschrift oder dadurch, dass man formale Fehler anmerkt, ohne sie zu korrigieren.

Mit dieser Art des Kommentierens fällt es leichter, die Aufmerksamkeit innerlich auf die Inhalte zu richten und sich nicht zu sehr von der Benotung einnehmen zu lassen. Sich als ein „echter Leser" zu verhalten, ist auch dann hilfreich, wenn die Benotung im Fokus der Aufmerksamkeit steht. Mit dieser Haltung kann es gelingen, die Texte von Studierenden grundsätzlich gerne zu lesen und – trotz Notenvergabe – neugierig zu bleiben.

7.2 Benoten und dennoch neugierig bleiben

Noten sind der Feind der Neugier. Wenn man studentische Texte einfach nur lesen darf, ist das eine völlig andere Situation, als wenn man sie bewerten soll. Um sich den Zugang zu studentischen Texten zu erleichtern, empfiehlt Elbow (2000:405) einmal probeweise den Benotungshut abzusetzen und an den Text dieselben Fragen zu stellen wie sonst auch, z.B. „Was denke ich als Leser über das Thema? Wo bin ich einverstanden, wo nicht?".

Wem es schwerfällt, beim Lesen studentischer Texte nicht sofort zum Rotstift zu greifen, der kann das Verfahren „Reading with the hands on your back" nutzen, das Hjortshoj und Gottschalk vorschlagen.

> **ÜBUNG** — Lehrende
>
> **Lesen und Benoten
> mit den Händen auf dem Rücken**
>
> 1. **Lesen** – Lehnen Sie sich zurück und lesen Sie den Text mit einer offenen, neugierigen Haltung. Wer dazu neigt, von Anfang an viel zu korrigieren, kann die Hände am Anfang bewusst auf den Rücken legen. Es entlastet das Gedächtnis, wenn man nach der Lektüre seinen Eindruck auf einem extra Blatt notiert.
>
> 2. **Antworten** – Formulieren Sie auf der Rückseite des Textes oder einem eigenen Blatt eine Antwort an den Studierenden. Antworten Sie als Leser.
>
> 3. **Text kommentieren** – Gehen Sie noch einmal in den Text hinein und markieren Sie einige Stellen mit Fragen, Verbesserungsvorschlägen und Lob. Die Hinweise sollten sich auf solche beschränken, die Ihre Antwort an den Studierenden illustrieren.
>
> 4. **Note festlegen** – Erst nach diesen drei Schritten legen Sie eine Note fest.
>
> **ÜBUNG**

Übung 14: Lesen und Benoten mit den Händen auf dem Rücken
(aus: Hjortshoj & Gottschalk 2004:54; Übers. S. Lahm)

Die Methode scheint auf den ersten Blick zeitaufwändig. Sie ist es aber nur bedingt, weil man keine Zeit damit verschwendet, aufwändige Korrekturen im Text vorzunehmen. Studentische Texte nicht ausschließlich und sofort unter dem Aspekt der Benotung zu lesen, entlastet nicht nur, es erweitert auch die Perspektive. Denn die unterschiedlichen Qualitäten eines Textes in Form eines Zahlenwerts abzubilden ist notwendigerweise reduktionistisch und hinterlässt gerade bei Lehrenden, die sich um Gerechtigkeit und Fairness bemühen, oft ein Gefühl von Ungenügen. Darum arbeiten manche mit sehr fein differenzierten Noten, um sie aussagekräftiger zu machen.

Peter Elbow schlägt genau das Gegenteil vor, also Entdifferenzierung, da Noten nach seiner Einschätzung für Feedback ohnehin nur bedingt geeignet sind und immer subjektiv bleiben, auch wenn man ihre Bedeutung sorgfältig ausbuchstabiert (Elbow 1997). Diese Energie könne man sparen und die Benotung eher unaufwändig gestalten, damit sie Studierende wie Lehrende nicht unnötig bei der inhaltlichen Arbeit stört. Er empfiehlt zum einen, eine enge Notenskala anzulegen („minimal grading") und zum anderen mehr qualitative Kriterien zu verwenden.

Enge Notenskalen

Elbows Vorschlag, zielt nicht allein darauf ab, Lehrenden die Benotung zu erleichtern. Vielmehr soll dieses Vorgehen auch die intrinsische Motivation der Studierenden fördern, indem die Lehrende sich bewusst zurücknimmt.

Zur Benotung genügt beispielsweise eine Skala mit drei Items (stark/zufriedenstellend/schwach oder exzellent/ok/nicht ausreichend) oder eine Skala mit zwei Items (bestanden/durchgefallen oder plus/minus). Manchmal muss auch nicht zwingend benotet werden, sondern eine Aufgabe gilt als bestanden, wenn sie abgegeben wurde. De facto nutzen die meisten Lehrenden ohnehin nur ein begrenztes Notenspektrum. Die bewusste Entscheidung dafür bewirkt, dass man sich mit den Studierenden und mit sich selbst weniger um die Note streiten muss und stattdessen die Energie in ein qualitatives Feedback stecken kann.

Mehr qualitatives Feedback

Qualitatives Feedback benennt Stärken und Schwächen in einem Text. Um den persönlichen Aufwand gering zu halten und es trotz-

7.2 Benoten und dennoch neugierig bleiben

dem effektiv zu gestalten, empfiehlt Elbow einfache Schemata, die z.B. wie folgt aussehen können (aus: Elbow 2000:213):

WEAK	SATIS-FACTORY	STRONG	
			Genuine revision, substantive changes, not just editing.
		√	Ideas, insights, thinking
√			Organization, structure, guiding the reader
	√		Language, sentences, wording
√			Mechanics: spelling, grammar, punctuation, proofreading
√			Overall

Abb. 17: Schema für Rückmeldung (aus: Elbow 2000:413)

Beide Praktiken – weniger Noten, mehr qualitatives Feedback – eignen sich für informell-explorative ebenso wie für umfangreichere Schreibaufgaben. Sollten Sie verpflichtet sein, am Ende des Semesters eine Gesamtnote zu geben, können Sie dies für mehrere „minimal bewertete" Texte insgesamt tun.

Intuitives Vorgehen und explizierte Benotungskriterien kombinieren

Die meisten Lehrenden wissen als Profis in ihrem Fach intuitiv (Sadler 2010), wann sie einen guten Text vor sich haben. Manche lehnen es daher ab, nach Kriterien zu bewerten, weil sie befürchten, dass Kriterien ihre Intuition stören und den Benotungsprozess erschweren. Das folgende Vorgehen verbindet die beiden Verfahrensweisen, indem man zunächst intuitiv vom Gesamteindruck ausgeht und anschließend die Kriterien expliziert:

• **ÜBUNG** •  —— Lehrende ——

1. Lesen Sie sich einmal durch den Stapel. Identifizieren Sie, was die Stärken der guten Texte sind und auf welche Art und Weise die nicht so guten eher schwach sind. Überlegen Sie anhand der schwachen Texte, wie die ideale Lösung aussehen würde.

2. Beschreiben Sie Ihre Erwartungen mit einer Reihe von Kriterien, zu denen Sie Stichworte notieren. Erst mögen alle Texte wie „Zwei-Minus-Texte" erscheinen, aber sobald Sie Kriterien haben, werden Unterschiede deutlich.

3. Teilen Sie Ihren Stapel in zwei Teile: Sortieren Sie nach „obere Hälfte" und „untere Hälfte". Ob ein Text in der oberen oder unteren Hälfte landet, hängt meist davon ab, wie gut Fragestellung und Struktur sind.

4. Teilen Sie jetzt die Texte nach Ihrer Notenskala auf und klären Sie dabei für sich, wonach Sie entscheiden.

ÜBUNG

Übung 15: Kriterien mit Bauchgefühl entwickeln
(nach: Harvard College Writing Program 2007)

Bei diesem Vorgehen arbeitet man empirisch: Sie fragen nicht, was Sie bewerten *sollten*, sondern wonach Sie *tatsächlich* entscheiden. Die so entwickelten Kriterien zeigen Studierenden, was Ihnen als Profi wichtig ist. Ohne diesen Schritt können Noten leicht als Geschenk oder Bestrafung erscheinen – als etwas, das willkürlich gesetzt ist.

Selbstverständlich kann man die so explizierten Kriterien in anderen Veranstaltungen bei der Vergabe derselben Aufgaben nutzen.

Explizierte Kriterien sind kein Garant für Objektivität, sondern sollen die Verständigung über Anforderungen erleichtern. Sadler (2010) weist darauf hin, dass ein Text immer mehr ist als die Summe seiner Teile und die Aufgliederung von Kriterien den Blick auf den Text als Gesamtgestalt stören kann. Im folgenden Beispiel werden Kriterien genannt, aber nicht analytisch voneinander getrennt, sondern aufeinander bezogen, so dass die Gesamtqualität einer sehr guten oder weniger guten Leistung erkennbar bleibt.

> **Beispiel für Qualitätsmerkmale für einen Essay im Fach „English"**
>
> 1. = in jeder Hinsicht ausgezeichnet (dies ist nicht dasselbe wie perfekt): Dies ist ein ambitionierter, scharfsinniger Essay, mit interessanten und komplexen Ideen; die Autorin geht differenziert auf Gegenargumente ein und belegt ihre Argumente. Die Diskussion erweitert Wissen und wiederholt nicht einfach, was gelehrt wurde. Alle Ideen haben einen Kontext, jemand außerhalb der Veranstaltung würde sich durch die Lektüre bereichert fühlen und nicht verwirrt.
>
> 2. = ein Text, der viele der oben genannten Ziele erreicht: Die Ideen sind solide und schrittweise ausgearbeitet, aber einige Passagen bräuchten eine Überarbeitung. Die Sprache ist generell klar und präzise, manchmal aber nicht. Die Belege sind relevant, aber nicht ausreichend begründet. Leser/innen müssen Verbindungen herstellen, die im Text nicht deutlich werden.

3. = inkohärenter Text: Argumente werden nicht belegt oder mit Allgemeinheiten oder Platitüden begründet; Sätze sind oft unklar, widersprechen sich manchmal.
Oder: Der Essay ist lediglich eine persönliche Reaktion auf etwas. Gut geschrieben, aber lediglich ein Meinungspapier ohne wissenschaftlichen Bezug.

4. + 5. = Text, der in einem oder mehreren der genannten Aspekte völlig unzureichend ist: Keine ernsthafte Auseinandersetzung mit einer Idee erkennbar, Ziele, Struktur, Sprachgebrauch unzureichend. Oder: entspricht nicht annähernd der gestellten Aufgabe.

Abb. 18: Qualitätsbeschreibung für Essays
(aus: Harvard Writing Project o.J.:11; Übers. S. Lahm)

Ob man mit Anforderungsbeschreibungen dieser Art etwas anfangen kann, hat sicher auch mit dem eigenen Lehrverständnis zu tun. Sicher haben Lehrende mit der Benotung auch die Aufgabe, Zugangschancen gerecht zu verteilen, und übernehmen damit eine Art Schiedsrichterfunktion: Ist der Ball drin oder nicht? Ist die Prüfung bestanden oder nicht? Texte aber sind sehr komplex und können auf vielerlei Weise „richtig" oder „falsch" sein. An dieser Stelle sei deshalb noch einmal das Gespräch stark gemacht. Es empfiehlt sich, die Kriterien zu nutzen, um mit Studierenden ein produktives Gespräch über die Qualität von Texten zu führen. Das ist gut auch in der Gruppe möglich. Sie entlasten sich damit von dem Druck, die Textqualität „objektiv" zu bestimmen, und der Text – nicht die Note – wird zum Gegenstand des Gesprächs mit Studierenden.

Das Thema Benoten ist so komplex, dass ihm ein eigenes Buch gewidmet werden könnte. Zur vertiefenden Lektüre empfehle ich Walzik (2012). In der alltäglichen Praxis gilt es, eine gute Mischung

7.2 Benoten und dennoch neugierig bleiben

zu finden zwischen der Aufgabe, Studierende im Schreibprozess zu begleiten und ihre Leistungen zu bewerten. Transparente Anforderungen und Kriterien ermöglichen den Brückenschlag von der Betreuung zur Bewertung, weil sie deutlich machen, was in einer selbständigen Arbeit gefordert ist.

8 Zum Abschluss: eine Einladung zum Austausch

Dieses Buch ist aus dem Wunsch entstanden, das Schreiben als Medium eines fortlaufenden Gesprächs starkzumachen: ein Gespräch, das Lehrende mit ihren Studierenden führen, das sie aber natürlich auch untereinander führen können. Lehre wird an Hochschulen häufig als Einzelkämpferaufgabe wahrgenommen. Und doch liegt auf der Hand: Kein Lehrender ist eine Insel. Alle Anregungen aus diesem Buch wurden von Lehrenden erprobt und einige sogar erfunden. Mit Schreiben zu lehren liegt für viele nahe, weil es eine der wichtigsten Praktiken fachlichen Handelns ist und damit an einer Hochschule das Lernmedium par excellence.

Im deutschsprachigen Raum ist das „Schreiben in der Lehre" noch eine junge Bewegung. An der Universität Bielefeld entwickeln seit einigen Jahren Lehrende mit ihren Kolleginnen und Kollegen in den Fächern Konzepte für schreibintegrierte Veranstaltungen in der Studieneingangsphase. Gerade Studienanfänger können, das ist die Grundannahme, von einer Schreibpraxis profitieren, die gezielt die Denk- und Arbeitsweisen des Fachs berücksichtigt. Beteiligt an diesem Projekt sind die Fächer Biologie, Erziehungswissenschaft, Geschichtswissenschaft, Gesundheitswissenschaften, Germanistik, Deutsch als Zweit- und Fremdsprache, Sportwissenschaft, Philosophie, Rechtswissenschaft und Soziologie. Nähere Informationen finden Sie auf den Internetseiten der Universität Bielefeld unter dem Stichwort *„richtig einsteigen." mit literalen Kompetenzen*.

Darüber hinaus gibt es im deutschsprachigen Raum die Möglichkeit, sich über die *Gesellschaft für Schreibdidaktik und Schreibforschung* zu vernetzen und sich dort insbesondere bei der Special Interest Group „Schreiben in den Fächern" mit anderen Interessierten auszutauschen (www.schreibdidaktik.de). In der *Zeitschrift Schreiben* erscheinen Beiträge mit Bezug zum Hochschulkontext (www.zeitschrift-schreiben.eu).

Wer den europaweiten und internationalen Austausch sucht, sollte an den Konferenzen der *European Association for the Teaching of Academic Writing* teilnehmen, die alle zwei Jahre stattfindet (www.

eataw.org). Über die Webseite finden Sie viele weitere Vernetzungsmöglichkeiten und Hinweise auf internationale schreibdidaktische Zeitschriften.

Eine überschaubare Bewegung, wie sie im deutschsprachigen Raum existiert, hat auch Vorteile: Man kennt sich und teilt freigiebig Ideen und Materialien. Wenn Sie also Fragen oder Anregungen haben: Schreiben Sie mir. Ich antworte gerne oder leite Ihre Frage an kenntnisreiche Kolleginnen und Kollegen weiter.

Literatur

Adamzik, Kirsten (2007): Liste mit Textsortenbezeichnungen im akademischen Bereich mit Erläuterungen aus Wörterbüchern. www.unige.ch/lettres/alman/adamzik/akt/ts-akad.pdf [Zugriff: 09.09.15].

Anderson, Paul; Anson, Chris M.; Gonyea, Robert M.; Paine, Charles (2015): The Contributions of Writing to Learning and Intellectual Development: Results of a Large-Scale Multi-institutional Study. In: Research in the Teaching of English 50 (2), S. 199-235.

Anson, Chris M.; Dannels, Deanna (2002): Developing Rubrics for Instruction and Evaluation. In: Duane Roen, Veronica Pantoja, Lauren Yena, Susan K. Miller, Eric Waggoner (Hrsg.): *Strategies for Teaching First-Year Composition*. Urbana: National Council of Teachers of English, S. 387-400.

Arum, Richard; Roksa, Josipa (2011): Academically adrift: Limited learning on college campuses. Chicago: University of Chicago Press.

Arum, Richard; Roksa, Josipa (2014): Aspiring adults adrift: Tentative transitions of college graduates. Chicago: University of Chicago Press.

Astin, Alexander W. (1992): What really matters in general education: Provocative findings from a national study of student outcomes. In: Perspectives, 22 (1), S. 23-46.

Bachtin, Michail M. (1981): The dialogic imagination. Austin: University of Texas Press.

Baecker, Dirk (2006): Coaching Complexity. Vortrag auf dem 1. Berliner Coachingtag, artop-Institut an der Humboldt-Universität zu Berlin. www.berliner-coachingtag.de/dowloads/2006/Prof%20Dirk%20Baecker%20Coaching%20in%20komplexen%20Organisationen.pdf [Zugriff: 09.09.15].

Baecker, Dirk (2013): Lob des Fehlers. Vortrag auf dem Hörspielforum des WDR. www.hoerspielforum.net/wp-content/uploads/Baecker_LobdesFehlers.pdf [Zugriff: 09.09.15].

Bain, Ken (2004): What the Best College Teachers Do. Cambridge: Harvard University Press.

Bangert-Drowns, Robert L.; Hurley, Marlene M.; Wilkinson, Barbara (2004): The effects of school-based writing-to-learn interventions on academic achievement: A meta-analysis. Review of Educational Research 74 (1), S. 29-58.

Bawarshi, Anis S., Reiff, Mary Jo (2010): Genre: An Introduction to History, Theory, Research, and Pedagogy. West Lafayette: Parlor Press and The WAC Clearinghouse.

Baxter Magolda, Marcia B. (1992): Knowing and reasoning in college: Gender-related patterns in students' intellectual development. San Francisco: Jossey-Bass Publishers.

Bean, John (2001): Engaging Ideas. The Professor's Guide to Integrating Writing, Critical Thinking, and Active Learning in the Classroom. San Francisco: Joessey-Bass Publishers.

Bean, John (2003): Writing Assignments as Ill-defined Problems: Promoting Students' Growth as Critical Thinkers, Communicators, and Practicing Professionals in Agricultural and Food Science. National Conference on Student Writing and Critical Thinking in Agriculture, Snow King Resort, Jackson, Wyoming, April 4, 2003.

Bean, John (2006): Grading Rubric on Graphics Assignment. www.serc.carleton.edu/sp/carl_ltc/quantitative_writing/rubrics_qw_assi.html [Zugriff: 09.09.15].

Bean, John (2011): Engaging Ideas. The Professor's Guide to Integrating Writing, Critical Thinking, and Active Learning in the Classroom. San Francisco: Jossey-Bass Publishers (2nd ed.).

Bean, John (2013): Writing in the Disciplines. A Chance for Deeper Learning. Handout zur Konferenz „Schreiben in den Fächern. Chancen für ein vertieftes Studium" des Schreiblabors der Universität Bielefeld im Juni 2013.

Bean, John (2014): From Right Answers to Arguments: Using Short, Scaffolded Writing Assignments to Accelerate Students' Growth as Disciplinary Thinkers and Writers in Science and Mathematics. Wilfred Laurier University. Keynote Presentation. April 29, 2014.

Beaufort, Anne (1999): Writing in the real world: Making the transition from school to work. New York: Teachers College Press.

Beaufort, Anne (2005): Adapting to New Writing Situations. How Writers Gain New Skills. In: Eva-Maria Jakobs, Katrin Lehnen und Kirsten Schindler (Hrsg.): Schreiben am Arbeitsplatz. Wiesbaden: Verlag für Sozialwissenschaften, S. 201-216.

Beaufort, Anne (2007): College writing and beyond: A new framework for university writing instruction. Logan: Utah State University Press.

Beaufort, Anne (2014) Wie Schreibende sich an neue Schreibsituationen anpassen, in: Nadja Sennewald und Stefanie Dreyfürst

(Hrsg): Schreiben: Grundlagentexte zur Theorie, Didaktik und Beratung. Opladen: Verlag Barbara Budrich, S. 153-168.
Belenky, Mary Field, et al. (1986): Women's ways of knowing: The development of voice, self, and mind. New York: Basic Books.
Berkenkotter, Carol; Huckin, Thomas N. (1995): Genre Knowledge in Disciplinary Communication: Cognition/Culture/Power. Hillsdale: L. Erlbaum Associates.
Biggs, John B. (2003): Teaching for quality learning at university. Buckingham: Open University Press/Society for Research into Higher Education. (2nd ed.).
Bloom, Benjamin S.; Krathwohl, David R. (1973): Taxonomy of educational objectives. London: Longman.
Bruffee, Kenneth A. (1984): Peer Tutoring and the ‚Conversation of Mankind'. In: Gary A. Olson (Hrsg.): Writing Centers: Theory and Administration. Urbana: National Council of Teachers of English, S. 3-15.
Bühler, Karl (1982): Sprachtheorie: die Darstellungsfunktion der Sprache. Stuttgart, New York: Fischer Verlag.
Burke, Kenneth (1941): The Philosophy of Literary Form. Berkeley: University of California Press.
Carter, Michael (2007): Ways of knowing, doing, and writing in the disciplines. In: CCC 58 (3), S. 385-418.
Cross, K. Patricia & Angelo, Thomas A. (1988): Classroom Assessment Techniques. A Handbook for Faculty. San Franciso: Jossey-Bass Publishers.
Culp, Robert (1997): Writing with Primary Sources. Unveröff. Manuskript.
Dainat, Holger (2015): Mitschrift, Nachschrift, Referat, Korreferat. Über studentisches Schreiben im 19. Jahrhundert. In: IASL 40 (2), S. 306-328.
Dawid, Herbert (2008): Übungsblatt Nr. 1 zur Vorlesung „Einführung in die VWL". WS 2008/2009.
Dysthe, Olga (1996): The Multivoiced Classroom. Interactions of Writing and Classroom Discourse. In: Written Communication 13 (3), S. 385-425.
Dysthe, Olga (2009): The challenge of making feedback improve student learning. Presentation at the Alborg University. www.iupn.dk/powerpoints/Olga_Dysthe_the%20challenge.pdf [Zugriff: 09.09.15].
Dysthe, Olga; Samara, Akylina; Westrheim, Kariane (2006): Multivoiced supervision of Master's students: a case study of alternative supervision practices in higher education. In: Studies in Higher Education 31 (3), S. 299-318.

Elbow, Peter (1993): Ranking, Evaluating, and Liking: Sorting Out Three Forms of Judgement. In: College English 55 (2), S. 187-206.
Elbow, Peter (1997): Grading student writing: Making it simpler, fairer, clearer. In: New directions for teaching and learning 69, S. 127-140.
Elbow, Peter (1998): Writing with power: Techniques for mastering the writing process. New York: Oxford University Press.
Elbow, Peter (2000): Everyone can write: essays toward a hopeful theory of writing and teaching writing. New York: Oxford University Press.
Fink, L. Dee (2003): Creating Significant Learning Experiences: An Integrated Approach to Designing College Courses. San Francisco: Jossey-Bass Publishers.
Fink, L. Dee (2003a): A self-directed guide to designing courses for significant learning. University of Oklahoma, 27. www.bu.edu/sph/files/2011/06/selfdirected1.pdf [Zugriff: 09.09.15].
Frank, Andrea (2006): Schreiben im Studium und Bologna-Reform. Erfahrungen des Schreiblabors Bielefeld. Vortrag auf dem „Forum Schreiben", 9. Juni 2006.
Frank, Andrea; Haacke, Stefanie; Lahm, Swantje (2013): Schreiben in Studium und Beruf. Stuttgart/Weimar: Verlag J.B. Metzler (2. Aufl.).
Frank, Robert (2006): The Economic Naturalist Writing Assignment. In: The Journal of Economic Education 37 (1), 58-67.
Galizia, Giovanni (2012): „Vorlesung" – Versuch einer forschungsnahen Erstsemestervorlesung in der Zoologie. In: Matthias Klatt; Sabine Koller (Hrsg.): Lehre als Abenteuer: Anregungen für eine bessere Hochschulausbildung. Frankfurt, M.: Campus-Verlag.
Girgensohn, Katrin (2008): Schreiben als spreche man nicht selbst. Über die Schwierigkeiten von Studierenden, sich in Bezug zu ihren Schreibaufgaben zu setzen. In: Matthias Rothe und Hartmut Schröder (Hrsg.): Stil, Stilbruch, Tabu. Stilerfahrung nach der Rhetorik: eine Bilanz. Berlin, Münster: Lit Verlag, S. 195-211.
Girgensohn, Katrin; Sennewald, Nadja (2012): Schreiben lehren. Schreiben lernen. Darmstadt; Wissenschaftliche Buchgesellschaft.
Gottschalk, Katherine; Hjortshoj, Keith (2004): The Elements of Teaching Writing. A Resource for Instructors in All Disciplines. Boston, New York: Bedford/St. Martin's.
Graff, Gerald; Birkenstein, Cathy (2006): They Say/I Say – The Moves that Matter in Academic Writing. New York, London: W.W. Norton & Company.

Groebner, Valentin (2012): Wissenschaft ist keine nette Angelegenheit. In: Alexander Kraus und Birte Kohtz (Hrsg.): Geschichte als Passion. Über das Entdecken und Erzählen der Vergangenheit. Zehn Gespräche. Frankfurt: Campus Verlag, S. 203-233.

Haacke, Stefanie; Frank, Andrea (2006): Typisch deutsch? Vom Schweigen über das Schreiben. In: Walter Kissling und Gudrun Perko (Hrsg.): Wissenschaftliches Schreiben in der Hochschullehre. Reflexionen, Desiderate, Konzepte. Innsbruck u.a.: StudienVerlag, S. 35-44.

Haynes, Martha (2010): Learning Astronomy through Writing. In: Jerrold Meinwald und John G. Hildebrand (Hrsg.): Science and the Educated American: A Core Component of Liberal Education, S. 130-150. www.amacad.org/pdfs/slacweb.pdf [Zugriff: 09.09.15].

Harvard College Writing Program (2007): A Brief Guide to Responding to Student Writing. www.writingproject.fas.harvard.edu/files/hwp/files/bg_responding_to_student_writing.pdf?m=1370441098 [Zugriff: 01.10.15].

Harvard Writing Project (o. J.): Special Issue: Responding to Student Writing. www.myusf.usfca.edu/system/files/HWP.responding.pdf [Zugriff: 02.10.15].

Hermanns, Fritz (1988): Schreiben als Denken. Überlegungen zur heuristischen Funktion des Schreibens. In: Der Deutschunterricht 40 (4), S. 69-81.

Hjortshoj, Keith (2009): The Transition to College Writing. Boston/New York: Bedford/St. Martin's.

Hodges, Elizabeth (1997): Negotiating the margins: Some principles for responding to our students' writing, some strategies for helping students read our comments. In: New directions for teaching and learning 1997 (69), S. 77-89.

Hoebel, Thomas (2013): Wissenschaftliche Texte lesen. www.uni-bielefeld.de/soz/forschung/orgsoz/pdf/wap/Wissenschaftliche_Texte_lesen_Hoebel_v2013-03-26.pdf [Zugriff: 09.09.15].

Holmes, Jamie (2015): The Case for Teaching Ignorance. www.nytimes.com/2015/08/24/opinion/the-case-for-teaching-ignorance.html?_r=0 [Zugriff: 09.09.15].

Huber, L. (2004): Forschendes Lernen – Thesen zum Verhältnis von Forschung und Lehre in Hochschulen und Forschungseinrichtungen aus der Perspektive des Studiums. In: die hochschule. Journal für wissenschaft und bildung 13 (2), S. 29-49.

Huber, L. (2014): Forschungsbasiertes, Forschungsorientiertes, Forschendes Lernen: Alles dasselbe? Ein Plädoyer für eine Verständigung über Begriffe und Unterscheidungen im Feld for-

schungsnahen Lehrens und Lernens. In: Das Hochschulwesen, 62 (1+2), S. 2-39.
Huber, Ludwig; Hellmer, Julia; Schneider, Friederike (Hrsg.) (2009): Forschendes Lernen im Studium: aktuelle Konzepte und Erfahrungen. Bielefeld: UVW.
Klein, Perry D.; Boscolo, Pietro; Kirkpatrick, Lori C.; Gelati, Carmen (Hrsg.) (2014): Writing as a learning activity. Leiden [u.a]: Brill.
Kleist, Heinrich von (1878): Ueber die allmähliche Verfertigung der Gedanken beim Reden. In: Paul Lindau (Hrsg.): Nord und Süd. Eine deutsche Monatsschrift. Bd. 4. Berlin: Stilke 1878.
Kruse, Otto (1995): Keine Angst vor dem leeren Blatt. Ohne Schreibblockaden durchs Studium. Frankfurt a.M.: Campus Verlag.
Kruse, Otto (2007): Keine Angst vor dem leeren Blatt. Ohne Schreibblockaden durchs Studium. Frankfurt a.M.: Campus Verlag (12., vollst. neu bearb. Aufl.).
Kruse, Otto (2010): Lesen und Schreiben. Der richtige Umgang mit Texten im Studium. Konstanz: UVK.
Kruse, Otto (2013): Schreiben und kritisches Denken. Systematische und didaktische Verknüpfungen. In: Ursula Doleschal, Carmen Merlitsch, Markus Rheindorf und Karin Wetschanow (Hrsg.): Writing across the Curriculum at Work. Theorie, Praxis und Analyse. Wien: Lit Verlag, S. 39-64.
Kuh, George D (2008): High-Impact Educational Practices: What They Are, Who Has Access to Them, and Why They Matter. Washington, DC: Association of American Colleges and Universities.
Kühl, Stefan (2015): Der publikationsorientierte Erwerb von Schreibkompetenzen. Zur Orientierung des studentischen Schreibens am wissenschaftlichen Veröffentlichungsprozess. In: Das Hochschulwesen 63 (5+6), S. 143-157.
Kurfiss, Joanne G. (1988): Critical Thinking: Theory, Research, Practice, and Possibilities. ASHE-ERIC Higher Education Report No. 2. Washington, D.C.: ERIC Clearinghouse on Higher Education and the Association for the Study of Higher Education.
Lahm, Swantje (2010): Lehrend in die Wissenschaft. Die Qualifizierung von Doktorand/innen für schreibintensive Lehre am John S. Knight Institute for Writing in the Disciplines, Cornell University, USA. In: Das Hochschulwesen 58 (1), S. 21-27.
Lahm, Swantje (2015): Schreiben als spreche man selbst. Lernen durch reflektierendes Schreiben in Lehrveranstaltungen. In: Monique Honegger, Daniel Ammann und Thomas Hermann (Hrsg.): Schreiben und Reflektieren. Denkspuren zwischen Lernweg und Leerlauf. Bern: hep Verlag.

Lahm, Swantje; Kaduk Svenja (2016): „Decoding the Disciplines": ein Ansatz für forschendes Lernen und Lehren. In: Judit Lehmann (Hrsg.): Forschendes Lernen. Ein Praxisbuch. Potsdam: Verlag der FH Potsdam (im Druck).

Lave, Jean; Wenger, Etienne (1991): Situated learning: Legitimate peripheral participation. Cambridge [u.a.]: Cambridge University Press.

Levy, Philippa (2011): Embedding Inquiry and Research into Mainstream Higher Education. A UK Perspective. In: CUR Quarterly 32 (1), S. 36-42.

Lewis, Arthur; Smith, David (1993): Defining higher order thinking. In: Theory into practice 32 (3), S. 131-137.

Light, Richard J. (1990): The Harvard Assessment Seminars: explorations with students and faculty about teaching, learning, and student life: first report, Harvard University Graduate School of Education.

Light, Richard J. (2001): Making the most of college: Students speak their minds. Cambridge: Harvard University Press.

Luhmann, Niklas (1992): Kommunikation mit Zettelkästen: Ein Erfahrungsbericht. In: André Kieserling (Hrsg.): Universität als Milieu. Kleine Schriften. Bielefeld: Haux, S. 53-73.

Macgilchrist, Felicitas; Girgensohn, Katrin (2011): Humboldt Meets Bologna: Developments and Debates in Institutional Writing Support in Germany. In: Canadian Journal for Studies in Discourse and Writing 23 (1), S. 1-19.

Marafioti, Nicole (2006): Preparing to Write a Research Paper. Unveröff. Manuskript.

Marquard, Odo (1981): Frage nach der Frage, auf die die Hermeneutik die Antwort ist. In: Abschied vom Prinzipiellen. Stuttgart: Reclam, S. 117-146.

McCarthy, Lucille M. (1987): A Stranger in Strange Lands: A College Student Writing across the Curriculum. In: Research in the Teaching of English 21 (3), S. 233-265.

McGlinn, James E.; McGlinn, Jeanne M. (2003): Motivating Learning in a Humanities Class through Innovative Research Assignments: A Case Study. www.files.eric.ed.gov/fulltext/ED479392.pdf [Zugriff: 09.09.15].

Melzer, Dan (2014): Assignments Across the Curriculum: A National Study of College Writing. Logan: Utah State University Press.

Menke, Cornelis (2014): Hinweise zum Verfassen akademischer Arbeiten. www.uni-bielefeld.de/philosphie/personen/cmenke/Menke_2015_Hinweise.pdf [Zugriff: 09.09.15].

Molitor-Lübbert, Sylvie (2002): Schreiben und Denken. Kognitive Grundlagen des Schreibens. In: Daniel Perrin, Ingrid Böttcher, Otto Kruse und Arne Wrobel (Hrsg.): Schreiben. Von intuitiven zu professionellen Schreibstrategien. Opladen: Westdeutscher Verlag, S. 33-46.

Monroe, Jonathan (Hrsg.) (2002): Writing and Revising the Disciplines. Ithaca: Cornell University Press.

Monroe, Jonathan (Hrsg.) (2006): Local knowledges, local practices: Writing in the disciplines at Cornell. Pittsburgh: University of Pittsburgh Press.

Moore, Jessie (2012): Mapping the Questions: The State of Writing-Related Transfer Research. In: Composition Forum. www-compositionforum.com/issue/26/map-questions-transfer-research.php [Zugriff: 09.09.15].

Nelms, Gerald; Dively, Ronda L. (2007): Perceived Roadblocks to Transferring Knowledge from First-Year Composition to Writing-Intensive Major Courses: A Pilot Study. In: Writing Program Administration 31 (1-2), S. 214-240. www.wpacouncil.org/archives/31n1-2/31n1-2dively-nelms.pdf [Zugriff: 09.09.15].

Neumann, Friederike (2013): How does a historian read a book. Und was haben Studierende davon, das zu beobachten? youtube/gYYC72R55XE [Zugriff: 09.09.15].

Neumann, Friederike (2015): How Does a Historian Read a Scholarly Text and How Do Students Learn to Do the Same? In: David Ludvigsson und Alan Booth (Hrsg.): Enriching History Teaching and Learning. Challenges, Possibilities, Practice. Linköping 2015, S. 67-83.

Nicolini, Maria (2008): Der Sprache Raum geben. Versuch über die akademische Lehre. In: Nicolini, Maria (Hrsg.): Wissenschaft, helldunkler Ort. Sprache im Dienst des Verstehens. Wien: Wilhelm Braumüller, S. 107-140.

Oelkers, Jürgen; Reusser, Kurt (2008): Qualität entwickeln – Standards sichern – mit Differenz umgehen. Bildungsforschung Band 27. Hg. v. Bundeministerium für Bildung und Forschung. Berlin.

Ortner, Hanspeter (2000): Schreiben und Denken. Tübingen: Niemeyer.

Ortner, Hanspeter (2002): Schreiben und Wissen. Einfälle fördern und Aufmerksamkeit staffeln. In: Daniel Perrin, Ingrid Böttcher, Otto Kruse und Arne Wrobel (Hrsg.): Schreiben. Von intuitiven zu professionellen Schreibstrategien. Opladen: Westdeutscher Verlag, S. 63-81.

Ortner, Hanspeter (2006a): „Spontanschreiben und elaboriertes Schreiben – wenn die ursprüngliche Lösung zu einem Teil des (neuen) Problems wird". In: Kissling, Walter und Perko, Gudrun (Hrsg.): Wissenschaftliches Schreiben in der Hochschullehre. Reflexionen, Desiderate, Konzepte. Innsbruck, Wien, Bozen: Studien-Verlag. S. 77-101.

Ortner, Hanspeter (2006b): Schreiben und Denken. In: Berning, Johannes (Hrsg.) (2006): Schreiben im Kontext von Schule, Universität, Beruf und Lebensalltag (Vol. 1). Münster: LIT Verlag, S. 29-64.

Pace, David; Middendorf, Joan (2004): Decoding the disciplines: Helping students learn disciplinary ways of thinking. San Francisco: Jossey Bass Publishers.

Palmquist, Mike (2010): Joining the Conversation: Writing in College and Beyond. Boston, New York: Bedford/St.Martin's.

Perry, William G. (1970): Forms of intellectual and ethical development in the college years. New York: Holt, Rinehart & Winston.

Peine, Emelie (2007): Writing for the Real World. Composing a Letter to the Editor. Unveröff. Manuskript.

Pohl, Thorsten (2007). Studien zur Ontogenese des wissenschaftlichen Schreibens. Tübingen: Niemeyer.

Reinmann, Gabi (2012): Was wäre, wenn es keine Prüfungen mit Rechtsfolgen mehr gäbe? Ein Gedankenexperiment. In: Gottfried Csanyi, Fanz Reichl und Andreas Steiner (Hrsg.): Digitale Medien – Werkzeuge für exzellente Forschung und Lehre. Münster [u.a.]: Waxmann, S. 29-40.

Rhein, Rüdiger (2013): Hochschuldidaktik und wissenschaftsbezogene Reflexion. In: Annette Spiekermann (Hrsg.): Lehrforschung wird Praxis. Hochschuldidaktische Forschungsergebnisse und ihre Integration in die Praxis. Bielefeld: Bertelsmann, S. 41-50.

Rheinberger, Jörg (2012): Vom Schreiben, ohne zu wissen, wie es endet. In: Alexander Kraus und Birte Kohtz (Hrsg.): Geschichte als Passion. Über das Entdecken und Erzählen der Vergangenheit. Zehn Gespräche. Frankfurt: Campus Verlag, S. 267-291.

Rico, Gabriele L. (2002): Garantiert Schreiben lernen. Reinbek: Rowohlt (12. Aufl.).

Rienecker, Lotte (2003): Thesis Writer's Block: Text Work that Unblocks. Paper presented at the EATAW Conference, Central European University, Budapest, June 23, 2003.

Rosenwasser, David; Stephen, Jill (2012): Writing Analytically. Wadsworth: Cengage Learning (Sixth Edition).

Rossi, Francis M. (1997): Writing in an advanced undergraduate chemistry course: an assignment exploring the development of

scientific ideas. In: Journal of Chemical Education 74 (4), S. 395-396.
Rückriem, Georg; Stary, Joachim (1996): Ist wissenschaftliches Arbeiten lehrbar? In: Das Hochschulwesen 44 (2), S. 96-106.
Ruhmann, Gabriela (2003): Präzise denken, sprechen, schreiben – Bausteine einer prozessorientierten Propädeutik. In: Konrad Ehlich; Angelika Steets (Hrsg.): Wissenschaftlich schreiben lehren und lernen. Berlin, New York: Walter de Gruyter, S. 211-234.
Ruhmann, Gabriela; Kruse Otto (2014): Prozessorientierte Schreibdidaktik: Grundlagen und Arbeitsformen. In: Nadja Sennewald und Stephanie Dreyfürst (Hrsg.): Schreiben. Grundlagentexte zur Theorie, Didaktik und Beratung. Opladen: Verlag Barbara Budrich, S. 15-34.
Russell, David R. (2001): Where Do the Naturalistic Studies of WAC/WID Point? A Research Review. In: Susan H. McLeod, Eric Miraglia, Margot Soven, and Chris Thaiss (Hrsg.): WAC for the New Millennium: Strategies for Continuing Writing-Across-the-Curriculum Programs. Urbana, IL: National Council of Teachers of English, 259-298.
Sacher, Julia (2009): Konversationsanalyse im Seminar „Gespräche analysieren." Schreibauftrag für Studierende entstanden im Rahmen der Weiterbildung „Forschen–Schreiben–Lehren", Universität Bielefeld. www.uni-bielefeld.de/Universitaet/Einrichtungen/SLK/lehren_lernen/materialien/Sacher_2011.pdf [Zugriff: 09.09.15].
Sadler, D. Royce (2010): Beyond feedback: Developing student capability in complex appraisal. In: Assessment & Evaluation in Higher Education 35 (5), S. 535-550.
Sargent, M. Elisabeth (1997): Peer response to low stakes writing in a WAC literature classroom. In: New Directions for Teaching and Learning 69, S. 41-52.
Scheuermann, Ulrike (2009): Wer reden kann, macht Eindruck – wer schreiben kann, macht Karriere. Das Schreibfitnessprogramm für mehr Erfolg im Job. Wien: Linde Verlag.
Schliemann, Oliver (2012): Übung für Studierende: Brief an einen Freund. Unveröff. Manuskript.
Sommers, Nancy (1980): Revision strategies of student writers and experienced adult writers. In: College composition and communication 31 (4), S. 378-388.
Spivey, Michael J. (2006): Writing in Cognitive Science: Exploring the Life of the Mind. In: Jonathan Monroe (Hrsg.): Local Knowledges, Local Practices: Writing in the Disciplines at Cornell, S. 127-139.

Steinhoff, Torsten (2007): Wissenschaftliche Textkompetenz. Sprachgebrauch und Schreibentwicklung in wissenschaftlichen Texten von Studenten und Experten. Tübingen: Niemeyer.
Steinhoff, Torsten (2008): Kontroversen erkennen, darstellen, kommentieren. In: Iris Bons, Dennis Kaltwasser und Thomas Gloning (Hrsg.): Fest-Platte für Gerd Fritz. Gießen. www.festschrift-gerd-fritz.de/files/steinhoff_2008_kontroversen_erkennen_darstellen_und_kommentieren.pdf [Zugriff: 09.09.15].
Steinhoff, Torsten (2014): Lernen durch Schreiben. In: Helmuth Feilke und Thorsten Pohl (Hrsg.): Schriftlicher Sprachgebrauch – Texte verfassen. Baltmannsweiler: Schneider, S. 331-346.
Sternberg, Richard. J. (1987): Teaching Intelligence: The Application of Cognitive Psychology to the Improvement of Intellectual Skills. In: Joan B. Baron and Richard J. Sternberg (Hrsg.): Teaching Thinking Skills: Theory and Practice. New York: Freeman.
Tynjälä, Päivi; Mason, Lucia; Lonka, Kirsti (2001): Writing as a learning tool: Integrating theory and practice (Vol. 7). Dordrecht [u.a.]: Kluwer.
Ulmi, Marianne; Bürki, Gisela; Verhein, Annette; Marti, Madeleine (2014): Textdiagnose und Schreibberatung. Fach- und Qualifizierungsarbeiten begleiten. Opladen: Verlag Barbara Budrich.
Universität Bielefeld (2014): Studierendenbefragung im WS 2013/14. Allgemeine Ergebnisse. Grafikbericht.
Vygotskij, Lev S. (1932-34/2005): Das Problem der Altersstufen. In: Joachim Lompscher (Hrsg.): Ausgewählte Schriften Band 2. Berlin: Lehmanns Media, S. 53-90.
Walk, Kerry (2007): Teaching with Writing: A Guide for Faculty and Graduate Students. Princeton University. www.princeton.edu/writing/university/resources/TWW.pdf [Zugriff: 09.09.15].
Walvoord, Barbara E. K. (2014): Assessing and Improving Student Writing in College: A Guide for Institutions, General Education, Departments, and Classrooms. San Francisco: Joessey-Bass Publishers.
Walzik, Sebastian (2012): Kompetenzorientiert prüfen. Leistungsbewertung an der Hochschule in Theorie und Praxis. Opladen: Verlag Barbara Budrich.
Weiß, Petra (2009): Schreibaufgabe zum Seminar „Psycholinguistische Untersuchungen zur Sprachverarbeitung in der Kommunikation". Unveröff. Manuskript.
Wenger, Etienne (1999): Communities of practice: Learning, meaning, and identity. Cambridge [u.a.]: Cambridge University Press.

Widulle, Wolfgang (2009): Handlungsorientiert Lernen im Studium. Arbeitsbuch für soziale und pädagogische Berufe. Wiesbaden: Verlag für Sozialwissenschaften.

Witt, Jantje (2014): Verfassen des Berichtes zur Orientierenden Praxisstudie. www.uni-bielefeld.de/erziehungswissenschaft//scs/pdf/leitfaden/studierende/leitfaden_zum_erstellen_des_ops-bericht_stand_01-2014 [Zugriff: 04.10.2015].

Wineburg, Sam (2003): Teaching the Mind Good Habits. In: The Chronicle Review 49 (31), S. B20. www.depts.washington.edu/gs630/Winter/Wineberg.pdf [Zugriff: 09.09.15].

Wingate, Ursula (2011): A comparison of ‚additional' and ‚embedded' approaches to teaching writing in the disciplines. In: Mary Deane and Peter O'Neill (2011): Writing in the Disciplines. Houndmills [u.a.] : Palgrave Macmillan.

Winteler, Adi (2008): Professionell Lehren und Lernen. Ein Praxisbuch. Darmstadt: Wiss. Buchgesellschaft.

Danksagung

Es heißt, um ein Kind großzuziehen, brauche man ein ganzes Dorf. Um ein Buch zu schreiben – und sei es nur ein kleines – auch. Ich danke: Andrea Frank, Anke Schayen, Birgit Schreiber, Cordula Haux, Dennis Aulich, Elke Langelahn, Friederike Neumann, Harald Klein, Helen Knauf, Ingrid Furchner, John Bean, Katharina Rothenpieler, Keith Hjortshoj und dem gesamten Team des *Knight Institute für Writing in the Disciplines* der Cornell University, Martha Hjortshoj, Mechthild Schunk, Meike Vogel, Miriam von Maydell, Nils Cordes, Oliver Schliemann, Paul Anderson, Peter Nitsch, Sabine Brendel, Sigurd Müller, Stefanie Haacke, Sumie Jessien, Susanna Hoffmann, Svenja Kaduk, Thomas Hoebel, Tina Hildebrand, Torsten Strulik, Ulrike Scheuermann, Ulrike Weingärtner sowie allen Studierenden und Lehrenden der Universität Bielefeld, die sich immer wieder auf das „Schreiben in der Lehre" einlassen.

Swantje Lahm, Bielefeld, den 14. April 2016

Kick-offs fürs Schreiben

Ingrid Scherübl
Katja Günther

Der

Schreibimpulsfächer

Inspirationen für
das Selbstcoaching
beim Schreiben

utb
Format 200 x 55 mm,
64 Karten,
12,99 € (D), 13,40 € (A)
ISBN 978-3-8252-4344-9

Manchmal hängt man beim Schreiben einer Arbeit – egal ob Bachelor, Master, Diplom oder Promotion – einfach fest. Nichts geht mehr.

55 Schreibimpulse bringen Dich wieder in Fluss.

Die Impulse bestehen aus einer Frage, einer Aufforderung oder einem Gedankenspiel. Neues kommt in Gang. Der Blick wird wieder klar. Es kann weitergehen!

Jetzt in Ihrer Buchhandlung bestellen oder direkt bei:
www.utb-shop.de
utb GmbH I Industriestr. 2 I 70565 Stuttgart